U0950685

法|学|研|究|文|丛

——知识产权法学——

我国药品专利链接制度构建的法律问题研究

焦海洋◉著

知识产权出版社
全国百佳图书出版单位
—北京—

图书在版编目（CIP）数据

我国药品专利链接制度构建的法律问题研究 / 焦海洋著 . —北京：知识产权出版社，2022. 12

ISBN 978 - 7 - 5130 - 8531 - 1

Ⅰ. ①我… Ⅱ. ①焦… Ⅲ. ①药品—专利制度—研究—中国 Ⅳ. ①D923. 424

中国版本图书馆 CIP 数据核字（2022）第 253298 号

内容提要

药品专利制度具有重要的法律、经济和社会价值，关系多种利益的保护，涉及不同政策目标的实现。本书以我国药品专利链接制度构建为背景，分析我国药品专利链接制度的内容和存在的主要问题，并全面比较了美国、加拿大、澳大利亚、日本和韩国的药品专利链接制度，以此探讨药品链接制度的利益平衡以及相应的完善对策。本书意在通过探讨我国药品专利链接制度构建相关的法律问题，完善我国的药品专利链接制度，充分发挥药品专利链接制度的功能，最终全面实现药品专利链接制度的目标。

责任编辑：王玉茂　　**责任校对**：王　岩

封面设计：智兴设计室　　**责任印制**：刘译文

我国药品专利链接制度构建的法律问题研究

焦海洋　著

出版发行：知识产权出版社有限责任公司　　**网　　址**：http：//www. ipph. cn

社　　址：北京市海淀区气象路 50 号院　　**邮　　编**：100081

责编电话：010 - 82000860 转 8541　　**责编邮箱**：wangyumao@ cnipr. com

发行电话：010 - 82000860 转 8101/8102　　**发行传真**：010 - 82000893/82005070/82000270

印　　刷：天津嘉恒印务有限公司　　**经　　销**：新华书店、各大网上书店及相关专业书店

开　　本：880mm × 1230mm　1/32　　**印　　张**：7. 625

版　　次：2022 年 12 月第 1 版　　**印　　次**：2022 年 12 月第 1 次印刷

字　　数：185 千字　　**定　　价**：60. 00 元

ISBN 978 - 7 - 5130 - 8531 - 1

出版权专有　侵权必究

如有印装质量问题，本社负责调换。

前　言

本书是我主持的2019年度教育部人文社会科学研究青年基金项目“我国药品专利链接制度构建的法律问题研究”（项目编号：19YJC820022）的研究成果。全书共五章，依次为：药品专利链接制度的理论基础，药品专利链接制度的中国实践及问题，境外药品专利链接制度的现状及启示，药品专利链接制度下的利益平衡问题，我国药品专利链接制度完善的对策。

本书主要分析了我国药品专利链接制度构建的背景，我国药品专利链接制度的内容及其存在的问题，并在全面比较美国、加拿大、澳大利亚、日本与韩国药品专利链接制度的基础上，具体提出了我国药品专利链接制度完善的对策。药品专利链接制度的构建不可避免地关涉利益平衡，为此，本书第四章专门探讨了药品专利链接制度下的利益平衡问题。

在此，由衷感谢教育部社会科学司对本课题研究的立项和资助，感谢重庆工商大学对本书出版的支持，感谢重庆工商大学法学与社会学学院“知识产权重庆市一流专业建设”经费资助，感谢知识产权出版社为本书提供出版的机会，感谢编辑为本书出版的辛勤付出，感谢学界同仁的指导，感谢领导及同事们的帮助，感谢家人一直以来的关爱和鼓励！

本书是对我国药品专利链接制度构建相关法律问题的初步探讨，因笔者水平有限，书中确存疏漏或不完善之处，敬请各位读者批评指正。

焦海洋

2022 年 6 月 18 日

于重庆工商大学慧智楼

目录

CONTENTS

CHAPTER 01 >> 第一章

药品专利链接制度的理论基础

美国是最早建立药品专利链接制度的国家。从实施效果来看，美国的药品专利链接制度增进了药品的可及性，减少了政府在医疗保障方面的财政支出。药品专利链接制度的构建有其必要性和正当性。药品专利链接制度具有重要的法律、经济和社会价值，关系多种利益的保护，涉及不同政策目标的实现。

第一节　药品专利链接制度的价值分析

一、药品专利链接制度的源起

就字面含义而言，药品专利链接是指将药品审批制度和专利制度相链接。药品专利链接制度是指一种制度或过程，即一国将药品的上市审批和原研药的专利状况相关联。[1] 显然，药品上市审批制度和专利制度的目标完全不同。然而，基于专利链接制度，依赖原研药安全性和有效性的仿制药品的上市审批将不被允许，除非原研药的专利有效期满或专利权被宣告无效。

药品专利链接制度最早出现在美国。美国 1984 年通过的药品价格竞争及专利期补偿法（*The Drug Price Competition and Patent Term Restoration Act*，即 Hatch – Waxman 法案）建立了药品专利链接制度。在该法案通过之前，如果仿制药的生产商想获得药品的上市审批，就要向美国食品药品监督管理局（Food and Drug Administration，FDA）提出新药品的上市申请。事实上，该要求成为仿制药上市的障碍。原因在于新药品上市申请的准备工作成本高昂，耗时较长。故此，为了促进仿制药的上市，进而使得公众能够以其可承受的价格获取药品，美国通过立法确立了药品专利链接制度。美国的药品专利链接制度主要包含专利声明制度、橙皮书制度、仿制药简化申请制度、数据独占制度和监管审批机构链接制度。[2] 该制度的建立一方面提升了美国仿制药企业的竞争能力，另一方面大幅减少了公众的药品费用支出，药品创新也得到了更加有效的保护。[3]

---

[1] JEONG S J. Patent – drug approval linkage in Korea under Korea – U. S. FTA – based on comparative study on U. S. Hatch – Waxman Act and Canadian patented medicines（notice of compliance）regulations［D］. MIPLC Master Thesis Series 2013.

[2] 丁锦希，韩蓓蓓．中美药品专利链接制度比较研究［J］．中国医药工业杂志，2008，39（12）：950.

[3] 程永顺，吴莉娟．创新与仿制的平衡与发展：评 Hatch – Waxman 法案对美国医药产业的贡献［J］．科技与法律，2018（1）：2.

二、药品专利链接制度的法律价值

法的价值是指法律规范对于一定主体的需要的满足程度，以及由此产生的主体对法律规范作出的评价。❶ 法的价值主体是人。法的价值主体是具有社会性的个人、群体、人的总体的统一，但最为基本的还是作为个体的人，一般的人。❷ 诚然，不同主体的需要和利益是多样化的，不同层次的，同一主体在不同时期的需要和利益也存在差异，故此，法的价值是多维的。

众所周知，正义是法的基本价值之一。然而，正义具有普洛透斯似的特性，标准不一，意涵丰富。例如，亚里士多德认为，平等是正义的一般标准；赫伯特·斯宾塞认为，正义的尺度是自由；约翰·罗尔斯把自由和平等相结合作为社会正义的标准。又如，正义包括自然正义、法律正义、分配正义和矫正正义等。罗马法学家认为法与善、正义是密不可分的。如乌尔比安在《法学阶梯》中提出"法是实现善与公正的艺术"。亚里士多德在《政治学》中提出，"正义来自于国家，因为法是国家共同体的制度，而什么是公正的则由法来决定。"❸ 申言之，"法律正义是基本正义，是以成形的制度形式表现出来的有形正义。"❹ 质言之，法律正义就是法律认可和保障的法定化的正义，法律正义是社会正义的前提和保障，法定化正义则是法和正义相融和的正义。❺ 从种类来看，法律正义可以分为分配正义和矫正正义，实体正义和程序正

---

❶ 时显群．法理学［M］．北京：中国政法大学出版社，2013：164.

❷ 卓泽渊．法的价值论［M］．北京：法律出版社，1999：10.

❸ 魏德士．法理学［M］．丁晓春，吴越，译．北京：法律出版社，2005：156.

❹ 周旺生．法理学［M］．北京：西安交通大学出版社，2006：91.

❺ 张秀．政治义务、法律正义与公民服从：基于政治伦理的思考［M］．上海：上海人民出版社，2017：146.

义。分配正义是人类在分配物质财富、政治权利、义务、幸福、发展机会等社会资源的活动中致力于实现的最高价值目标，它意指社会资源在社会成员中间的分配应该最大限度地体现公正性。[1]可以说，分配正义主要关注的是在社会成员或群体成员之间进行权利、权力、义务和责任配置的问题。[2]而分配正义的原则包括权利平等原则、机会均等原则和权利、机会补偿原则。权利、机会补偿原则即对在竞争中处于不利地位的人，提供特别的法律保护，使其在竞争中得以生存和发展。[3]

专利作为一种以垄断换取信息公开的机制，因专利权的保护，药品专利权人取得了合法的垄断地位，仿制药厂商在竞争中处于不利地位。从微观经济学的角度看，当专利赋予一个企业销售一种产品的垄断权时，企业收取垄断价格，垄断价格大大高于生产这种药品的边际成本（边际成本即额外一单位产量所引起的总成本的增加）。由此，缺乏购买能力的患者无法获取维持生命健康所需的专利药品。而当药品专利到期时，新企业进入市场，使市场更有竞争性。因此，价格从垄断价格下降到边际成本，如图 1－1所示。[4]药品专利链接制度在保护原研药专利权的前提下，能够在一定程度上促进仿制药的上市销售（如通过简化仿制药申请，专利挑战和赋予首仿药以市场独占期等方式），增进药品市场的竞争性。毫无疑问，较之于专利药品，仿制药品的价格更低，进而能

---

[1] 向玉乔．社会制度实现分配正义的基本原则及价值维度［J］．中国社会科学，2013（3）：108．

[2] E．博登海默．法理学法律哲学与法律方法［M］．邓正来，译．北京：中国政法大学出版社，2004：279．

[3] 吕世伦，公丕祥．现代理论法学原理［M］．哈尔滨：黑龙江美术出版社，2018：52．

[4] 曼昆．经济学原理・微观经济学分册［M］．6 版．梁小民，梁砾，译．北京：北京大学出版社，2012：316．

够增加药品的可及性。由此可见，药品专利链接制度在一定程度上体现了分配正义。

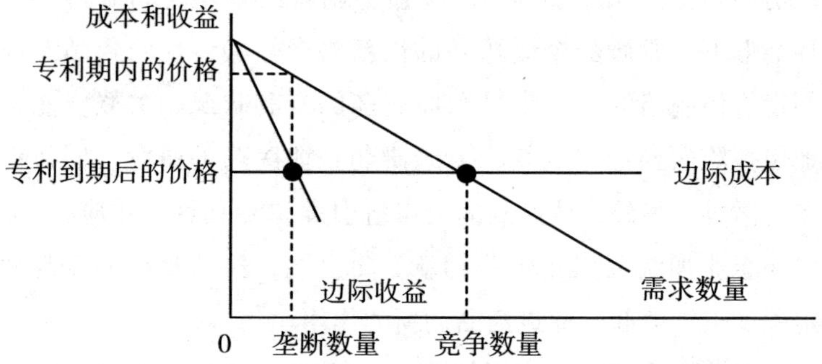

图1-1　药品市场

三、药品专利链接制度的经济价值

如前所述，药品专利权人在专利权的有效期内处于合法的垄断地位。在此期间，该药品市场缺乏竞争，药品价格将维持在高位。此外，为阻止仿制药品上市销售，药品专利权人多选择提起专利侵权之诉，以实现排除、限制药品竞争的目的。药品专利链接制度则能降低仿制药的侵权风险，简化仿制药的上市审批流程，促进仿制药上市，进而增加药品市场的竞争，体现了可竞争理论的内在要求。

可竞争理论的核心内容是：在可竞争的情况下，如一个企业完全不用负担不可回收的沉没成本，从而能够自由进入和退出市场，这样潜在竞争者进入市场引发的竞争压力，将对在位企业的垄断行为构成威胁，迫使在位企业逐步降低价格放弃超额利润，实现垄断打破，促进垄断企业提高生产效率。[1] 毫无疑问，仿制药

[1] 孙飞，靳毓．可竞争市场理论下药品价格的形成机制研究［J］．甘肃社会科学，2015（4）：246.

企业进入市场将会增进药品市场的有序竞争，打破垄断，降低药品的价格。反之，在药品监督管理制度中，若没有专利链接制度，侵权仿制药将会充斥市场，严重损害创新药企业的利益。❶ 当然，此种情形下，原研药企业药品的创新将会被抑制。而药品专利链接制度将仿制药的上市审批和原研药的专利状况相关联，能更全面地保护原研药的专利权，为原研药企业医药的研发、创新提供更多的激励。另外，仿制药的上市将引发"专利悬崖效应"，促使原研药企业加快并强化医药创新。简言之，药品专利链接制度在一定程度上能够起到促进药品创新的作用。

从另一个维度来看，罗纳德·科斯曾在《社会成本问题》一文中提出，如果交易费用不为零，权利的最初分配对效率会有重要影响。❷ 显然，药品的交易费用不为零，尤其对于药品研发而言，成本较高。通过授予发明人以专利权能为其提供激励，提高效率。但因专利权是私权，具有排他性，其不当行使必然会产生负面的外部效应。特别是对于公众获取药品来说，不仅存在交易成本，而且交易成本过高。当存在交易成本时，通过明确分配已界定权利所实现的福利改善可能优于通过交易实现的福利改善。❸ 药品专利链接制度正是通过对于初始权利义务分配的部分调整，以实现在不影响效率的前提下，进一步降低交易成本。

四、药品专利链接制度的社会价值

众所周知，我国人口众多，老年人比例增高，公众的用药成

---

❶ 苏冬冬．药品专利链接制度的正当性及制度价值分析［J］．电子知识产权，2019（3）：7.

❷ 程承坪．理解科斯定理［J］．学术月刊，2009，41（4）：58.

❸ 约瑟夫·费尔德．科斯定理 1－2－3［J］．李政军，译．经济社会体制比较，2002（5）：78.

本一直居高不下，医疗费用的巨额支出对个人和社会都是巨大的负担。[1] 国务院办公厅于2018年4月3日印发的《关于改革完善仿制药供应保障及使用政策的意见》指出，促进仿制药研发，提升仿制药质量疗效，提高药品供应保障能力，更好地满足临床用药及公共卫生安全需求。[2] 除此之外，中共中央办公厅、国务院办公厅于2019年11月24日印发的《关于强化知识产权保护的意见》指出，“加强知识产权保护，是完善产权保护制度最重要的内容，也是提高我国经济竞争力的最大激励”，并进一步提出探索建立药品专利链接制度。[3] 足见药品专利链接制度构建的社会意义重大。

具体来说，药品专利链接制度既能强化对于药品专利权的保护，又能促进仿制药的上市。申言之，药品专利链接制度不仅能在一定程度上提高药品供应保障能力，增进药品的可及性，而且是加强知识产权保护的题中之意，是完善产权保护制度最重要的内容之一。概言之，药品专利链接制度的构建符合我国的上述政策目标，符合我国经济社会发展的现实需要。与此同时，药品专利链接制度能在一定程度上减轻患者的经济负担。原因在于较之于原研药，上市销售的仿制药中位价格比值（MPR）较低，如表1-1所示。进言之，药品专利链接制度能够促进公共利益的实现。公共利益是一个特定的社会存在和发展所需的、该社会群体中不

---

[1] 窦夏睿，吴让丰．论我国药品保护的双轨制和链接制度的改革［J］．中国新药杂志，2018，27（9）：982.

[2] 国务院办公厅关于改革完善仿制药供应保障及使用政策的意见［EB/OL］．（2018-04-03）［2020-07-28］．http://www.gov.cn/zhengce/content/2018-04/03/content_5279546.htm.

[3] 中共中央办公厅　国务院办公厅关于印发《关于强化知识产权保护的意见》［EB/OL］．（2019-11-24）［2020-07-29］．http://www.gov.cn/zhengce/2019-11/24/content_5455070.htm.

确定的个人都可以享有的社会价值。❶

表 1-1 各类药品原研药与仿制药价格 MPR 差异❷

药物分类	原研药	仿制药	差异率（%）
基本药物（7 种）	7.156	2.870	40.100
非基本药物（4 种）	29.993	12.877	42.930
急性病药物（3 种）	7.555	1.876	24.840
慢性病药物（8 种）	18.425	8.246	44.750

一言以蔽之，药品专利链接制度能够增进社会福利。社会福利的重要性不言而喻。社会福利是关乎民生、社会公平公正以及社会发展的重要制度、政策与项目措施，是社会管理与社会建设中不可或缺的重要内容。❸ 何谓社会福利？约翰·罗尔斯将社会福利描述为：社会福利是由社会中处境最差的人决定的。只有当社会中最差的人的处境得到改善时，社会福利才会增长。维尔弗雷多·帕累托则提出了社会福利的标准：当群体中一个或更多成员的处境被改善而没有一个成员的处境被恶化时，社会福利就被增进了。❹ 结合药品专利链接制度来看，药品专利链接制度并未使得任何一个利益相关方的权益受损，相反，药品专利链接制度能够提高药品的可及性，提升公共健康的保障水平，增进公共福利。

---

❶ 麻宝斌．公共利益与公共悖论［J］．江苏社会科学，2002（1）：94．

❷ 荣雪菁，孙强．我国相关省份原研药及仿制药价格比较［J］．中国卫生经济，2018，37（11）：34．

❸ 周沛．社会福利理论：福利制度、福利体制及福利体系辨析［J］．国家行政学院学报，2014（4）：80．

❹ 胡象明．广义的社会福利理论及其对公共政策的意义［J］．武汉大学学报（社会科学版），2002，55（4）：427．

第二节　药品专利链接制度的利益衡量

毋庸置疑，药品的可及性与公共健康直接相关。然而，因专利权的保护，药品之上附加了私权，私权具有排他性。一方面，专利权是合法的垄断，其行使当然会影响药品的可及性。另一方面，药品的专利保护十分必要。专利保护能为原研药企业提供激励。专利权人不仅能收回药品研发的巨额投资，还能得到丰厚的回报，维护了药物后续研发创新的积极性。[1] 药品专利保护是维持制药业健康发展的必要条件，其对促进药品的可及性发挥着根本性的积极作用。[2] 质言之，药品专利保护对于药品的可及性有着正反两方面的影响。而药品专利链接制度是在加强药品专利权保护的基础上，通过不同的制度安排促进仿制药的上市销售，并能降低仿制药上市后的侵权风险。简言之，在促进药品的可及性方面，药品专利链接制度可弥补药品专利保护制度的不足。

显而易见，药品专利链接制度关系到私人利益和公共利益之间的平衡，关涉多方利益主体。利益是人们受社会物质生活条件所制约的需要和满足需要的手段和措施；利益决定着法的产生和发展。[3] 事实上，一项制度的产生就是各方利益博弈的结果，药品专利链接制度是顺应平衡仿制药企业、原研药企业与社会公众利

---

[1] 姚颉靖，彭辉．药品专利保护对中国医药行业科技发展实力影响的实证分析［J］．电子知识产权，2010（7）：63.

[2] 刘磊．价格视角下的药品专利保护［J］．知识产权，2012（8）：69.

[3] 孙国华．论法与利益之关系［J］．中国法学，1994（4）：36－39.

益的要求而产生的。[1] 进言之，药品专利链接制度的构建应当平衡上述三方主体的利益。当然，不同的主体，利益诉求不同，甚至存在冲突。具言之，①从仿制药企业的角度而言，仿制药企业希望能够尽快通过主管部门审批，以销售仿制药品；仿制药企业希望法律风险最低；仿制药企业希望尽可能地取得一定的市场独占期。②从原研药企业的角度来看，原研药企业希望能延迟仿制药的上市销售，最大限度地保持合法的垄断地位，以收回投资，获取收益；原研药企业希望其药品专利权能够获得更强的保护。③从社会公众的角度来看，公众希望能够购买质优价廉的药品，以维持生命健康。生命健康权是人格权的重要内容，是享有其他权利的基础。利益冲突的情形主要表现在：第一，药品专利保护与公共健康之间的利益冲突。原研药企业希望强化对于药品专利权的保护，由此，药品的获取和使用成本将相应增加，进而影响公共健康。第二，原研药企业和仿制药企业之间的利益冲突。原研药企业和仿制药企业的利益诉求存在冲突之处。为延阻仿制药上市，原研药企业多采取药品专利常青以及提起专利侵权诉讼的做法。

综上可知，仿制药企业、原研药企业和社会公众的利益诉求各异，利益存在失衡的现象。故此，药品专利链接制度在构建过程中应当遵循利益平衡原则。在现实中，利益的多元性和主次性使得利益冲突不可避免，以法律选择形式加以协调，是法律的重要功能。[2] 简言之，法律通过利益选择能够调节利益关系，协调利益冲突。法的主要作用之一是调整相互冲突的利益；对相互对立的利益进行调整以及对它们的先后顺序予以安排，往往是依靠立

---

[1] 俞风雷．知识产权保护中的利益平衡理论及其制度构建：以我国药品专利链接制度为例［J］．求索，2019（6）：83.

[2] 冯晓青．知识产权法利益平衡理论［M］．北京：中国政法大学出版社，2006：6.

法手段来实现的。[1] 需要注意的是，利益不等同于权利，利益可通过法律的确认和保护上升为权利。[2] 利益平衡原则固然是抽象的，不能独自实现，须通过权利义务的立法配置实现。如为平衡原研药企业和仿制药企业的利益，美国的药品专利链接制度规定了专利药登记制度与仿制药声明义务的平衡，专利挑战诉讼和首仿药市场独占期的平衡。质言之，药品专利链接制度应当通过不同的制度安排（具体规定不同主体的权利、义务、责任，以及权利的限制等），以平衡三方主体的利益。然而，三方主体的利益平衡并非绝对，而是相对的平衡；三方主体的利益平衡不是静态的，而是动态的。

第三节 药品专利链接制度的目标指向

中共中央办公厅、国务院办公厅于 2017 年 10 月 8 日印发的《关于深化审评审批制度改革 鼓励药品医疗器械创新的意见》指出，“为保护专利权人合法权益，降低仿制药专利侵权风险，鼓励仿制药发展，探索建立药品审评审批与药品专利链接制度。”[3] 从中可知，药品专利链接制度的目标是多维的，包括保护专利权人合法利益，降低仿制药专利侵权风险，以及鼓励仿制药发展。其

---

❶ 博登海默. 法理学法律哲学与法律方法［M］. 邓正来，译，北京：中国政法大学出版社，2004：413，415.

❷ 焦海洋. 学术信息开放存取法律问题研究［M］. 北京：中国法制出版社，2019：205.

❸ 中共中央办公厅 国务院办公厅印发《关于深化审评审批制度改革 鼓励药品医疗器械创新的意见》［EB/OL］.（2017－10－08）［2020－07－31］. http://www.gov.cn/zhengce/2017－10/08/content_5230105. htm.

中，保护专利权人的合法权益是药品专利链接制度的首要目标。其将降低仿制药专利侵权风险与鼓励仿制药发展两者联系紧密，共同作为药品专利链接制度的重要目标。

三个目标之间既对立又统一。不论是保护专利权人合法权益，抑或降低仿制药专利侵权风险、鼓励仿制药发展都与药品的可及性直接相关。具言之，保护专利权人合法权益将为原研药企业的持续创新提供激励，以不断提供治疗各种疾病（特别是各种疑难杂症）所需的药品。一项调查研究发现，每开发一项新药的平均现金成本为 13.95 亿美元，如果以获准上市时 10.5% 的实际折扣率来计算的话，则新药获得许可前所付出的总成本高达 25.5 亿美元。[1] 可见药品专利权的保护直接影响药品的供给，不保护或者弱保护固然不利于药品的提供，不利于医药的创新。基于此，药品专利权的保护是确保药品可及性的必要前提。同时，降低仿制药专利权侵权风险、鼓励仿制药发展将增强药品市场的竞争，有效降低药品的销售价格，促进药品的可及性。基于此，降低仿制药专利侵权风险和鼓励仿制药发展是提高药品可及性程度的内在要求。药品专利保护与降低仿制药专利侵权风险、鼓励仿制药发展在促进药品的可及性方面具有一致性。毫无疑问，药品可及性与公共健康直接相关。公共健康固然体现了公共利益。进言之，药品专利链接制度的根本目标在于保障公共健康。美国之所以建立药品专利链接制度，其主要目的便是使得公众能够以其可承受的价格获取药品。

综上可知，药品专利链接制度的目标有多个。原因在于与药品链接制度密切相关的利益主体多元、利益种类多样，包括原研药企业的利益、仿制药企业的利益和社会公众的利益。药品专利

---

[1] 梁志文．论以信息公示为中心的药品专利链接制度［J］．中国专利与商标，2018（1）：6.

链接制度的目标和上述利益一一对应，如图 1 - 2 所示。药品专利链接制度的直接目标是保护药品专利权人的合法权益，重要目标是降低仿制药专利侵权风险、鼓励仿制药发展，根本目标是保障公共健康，三个目标之间联系紧密。

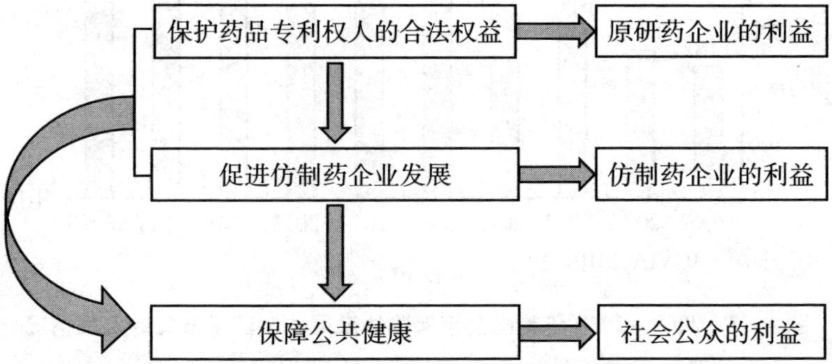

图 1 - 2 药品专利链接制度的目标与其保护的利益关系

第四节 药品专利链接制度的成本 - 收益分析

美国最早建立了药品专利链接制度。该制度对提高药品的可及性起到了重要作用。《2019 年美国仿制药获取和费用节省报告》显示，仿制药处方药的平均费用为 5.63 美元，是品牌药处方药平均费用的 1/7。2009 ~ 2018 年，仿制药使得美国的医疗保障体系每年均比上一年度节省了近 200 亿美元，且节省的费用逐年递增，如图 1 - 3 所示。[1] 而欧盟委员会调查发现，在 2000 ~ 2006 年，如果没有仿制

---

[1] Association for Accessible Medicines. 2019 Generic Drug Access and Savings in the U. S. Report [EB/OL]. (2019 - 09 - 18) [2020 - 07 - 28]. https://accessiblemeds.org/sites/default/files/2019 - 09/AAM - 2019 - Generic - Biosimilars - Access - and - Savings - US - Report - WEB. pdf.

药的上市，那么欧盟医药费用的年度支出将增加 150 亿欧元。❶

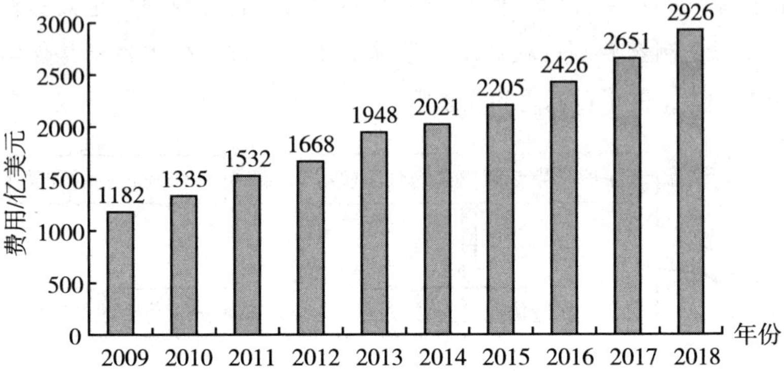

来源：IQVIA 2019。

图 1－3　2009～2018 年美国医疗保障体系因仿制药所节省的费用情况

2018 年，美国医疗保障和医疗救助系统对仿制药的使用，节省了纳税人多达 1370 亿美元。不同种类的仿制药所节省的费用不同。不同年龄段的患者因使用仿制药所节省费用的占比不同，如图 1－4 所示。❷ 此外，美国的药品专利链接制度促进了该国仿制药行业的发展。2013 年，美国仿制药市场占全球仿制药市场的份额高达 45%，价值 435 亿美元，且该数字有希望在 2018 年实现 2 位数增长。❸

---

❶ European Commission. Pharmaceutical Sector Inquiry Final Report [EB/OL]. (2009－07－08) [2020－08－04]. https://ec. europa. eu/competition/sectors/pharmaceuticals/inquiry/staff_working_paper_part1. pdf.

❷ Association for Accessible Medicines. 2019 Generic Drug Access and Savings in the U. S. Report [EB/OL]. (2019－09－18) [2020－08－01]. https://accessiblemeds. org/sites/default/files/2019－09/AAM－2019－Generic－Biosimilars－Access－and－Savings－US－Report－WEB. pdf.

❸ 程永顺，吴莉娟．创新与仿制的平衡与发展：评 Hatch－Waxman 法案对美国医药产业的贡献 [J]. 科技与法律，2018 (1): 2.

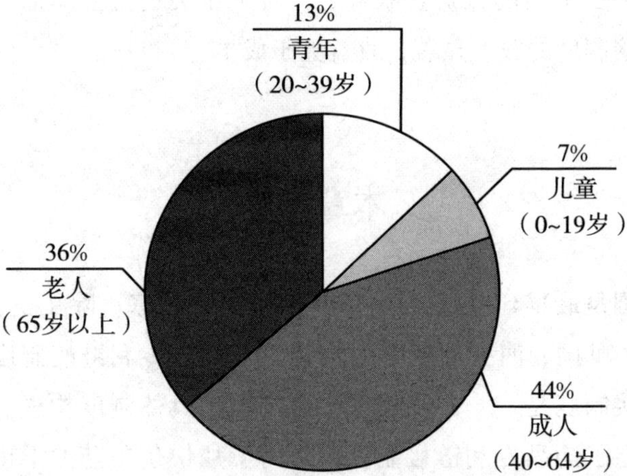

图1－4　2018年度不同年龄段患者所节省费用占比情况

由此可知，美国的药品专利链接制度大幅降低了患者的医药费用，减少了政府医疗保障费用的支出。因此，政府可支配的财政资金也相应增加，政府可将其用于其他公用事业（如基础设施建设、教育和环境保护等），进而促进经济和社会的发展。不仅如此，仿制药企业因药品专利链接制度中的简化申请、专利挑战和首仿药市场独占期等机制能够减少成本，加快上市审批，降低侵权风险，并能通过仿制药的上市销售收回成本、赚取利润。对于原研药企业而言，专利的保护至为重要。众所周知，药品的研发周期长，研发投入大，研发风险高，专利权的保护能够使得原研药企业在专利权的有效期内享有合法的垄断地位，进而收回投资，赚取收益。药品专利链接制度不但没有弱化对于药品专利权的保护，反而强化了对于药品专利权的保护。药品专利链接制度将仿制药的上市审批与其是否存在专利侵权相关联。具体而言，通过专利登记、专利声明和审批中止期等，原研药企业的药品专利权能够得到更全面的保护。概言之，对于相关利益主体而言，药品专利链接制度的收效显著，收益大于成本。

本章小结

美国是最早建立药品专利链接制度的国家。除了美国之外，加拿大、韩国、澳大利亚等国均建立了药品专利链接制度。药品专利链接制度是一个制度体系，由不同的具体制度构成。美国之所以建立了药品专利链接制度，是为了加快仿制药的上市，以增进药品的可及性。从实施效果来看，药品专利链接制度加快了仿制药的上市，有效降低了药品的价格，提高了药品的可及性，并节省了政府医疗保障方面的财政支出。从价值层面来看，药品专利链接制度既具有法律价值，又体现了经济价值和社会价值。然而，药品专利链接制度关系到不同的利益主体，关涉差异化（甚至存在冲突）的利益诉求，基于此，药品专利链接制度应当重视，并遵循利益平衡原则。诚然，利益平衡原则不能独自实现，需要具体规则的制定和实施。

与此同时，与多样化的利益相对应，药品专利链接制度的目标有多种，包括强化药品专利权的保护，鼓励仿制药发展，以及增进公共利益。综上可知，药品专利链接制度的构建是分配正义的内在要求，是多元利益维护的必要方式，是多种目标实现的重要途径。此外，从成本－收益角度来看，不论是原研药企业、仿制药企业，还是公众均能从药品专利链接制度中获益。总之，药品专利链接制度的构建有其必要性和正当性。

CHAPTER 02 >> 第二章

药品专利链接制度的中国实践及问题

目前，我国并没有建立真正意义上的药品专利链接制度。在实体上，相关法律仅规定了药品专利链接制度的部分内容，散见于部门规章和《专利法》[1] 之中。在程序上，药品监督管理部门和专利保护部门尚未建立相关的协调机制。故此，现有的制度内容并不完善，且不全面，需在明确现有制度所存在问题的前提下，通过借鉴境外其他国家或地区药品专利链接制度的有益经验，完善我国的药品专利链接制度。

---

[1] 为简明起见，本书中相关法律文件名称中的“中华人民共和国”字样已省略。

第一节 中国现行的药品专利链接制度

一、《药品注册管理办法》中的相关规定

（一）药品专利信息说明及不侵权声明

2002年公布的《药品注册管理办法（试行）》最早规定了与药品专利链接制度有关的条款。该办法首次将药品的注册和药品的专利状况相联系。其中，第11条规定了申请人的专利信息说明，以及不构成专利侵权的保证义务。上述义务将对于原研药企业的权益保护前置。该条款的具体内容为："申请人应当对所申请注册的药物或者使用的处方、工艺等，提供在中国的专利及其权属状态说明，并提交对他人的专利不构成侵权的保证书，承诺对可能的侵权后果负责。"由此可见，申请人就其申请注册的客体应当披露的信息包括：在中国的专利及其权属状态，且申请人应做出不侵犯他人专利权的书面保证和承担责任的承诺。显然，该规定更强调对于药品专利权人的保护。但是，该条款没有规定申请人的告知义务或者信息的公示要求，这既不利于药品专利权人尽早知晓相关信息，也不利于药品专利权人及时采取合法措施，以维护自身权益。

2005年公布的《药品注册管理办法》对于2002年公布的《药品注册管理办法（试行）》第11条的内容进行了部分修改。经修改后的第11条规定："申请人应当对其申请注册的药物或者使用的处方、工艺、用途等，提供申请人或者他人在中国的专利及其权属状态的说明；他人在中国存在专利的，申请人应当提交对他

人的专利不构成侵权的声明。”从中不难看出，申请人申请注册的客体更多，较之于 2002 年公布的《药品注册管理办法（试行）》中的规定增加了用途；申请人就其申请注册的客体应披露专利信息的范围更广，披露的信息既包括申请人在中国的专利及其权属状态，又包括他人在中国的专利及其权属状态；申请人（仿制药企业）对不构成专利侵权承担的义务相应减轻，申请人只需提供不侵犯他人专利权的声明即可。一言以蔽之，修改后的条款更加注重利益平衡，即原研药企业和仿制药企业之间的利益平衡。

2007 年公布的《药品注册管理办法》对于药品专利信息披露及不侵权声明义务作出了补充规定。其中第 18 条第 1 款规定：“申请人应当对其申请注册的药物或者使用的处方、工艺、用途等，提供申请人或者他人在中国的专利及其权属状态的说明；他人在中国存在专利的，申请人应当提交对他人的专利不构成侵权的声明。对申请人提交的说明或者声明，药品监督管理部门应当在行政机关网站予以公示。”可见，该规定增加了对于申请人披露的信息及其作出的不侵权声明的公示要求，使得仿制药企业或药品专利权人知晓相关信息，及时维护自身权益。

通过上述分析可知，我国 2002 年、2005 年和 2007 年公布的《药品注册管理办法》中的药品专利信息披露及不侵权声明条款并未规定药品专利登记的范围。然而，2020 年公布的《药品注册管理办法》删除了药品专利信息说明及不侵权声明条款，增加了建立上市药品目录集制度的规定，即建立了中国的“橙皮书”制度。

（二）药品数据独占保护

众所周知，药品试验数据的产生投入大、周期长、风险高，试验数据本身便极具商业价值，同时，为促进医药创新，数据的保护十分必要。而数据专有权的保护使得具有公共产品属性的数据之上附加了私权，能够防止药品数据被不公平的商业使用，有效遏制了药品商业竞争者的搭便车行为。药品数据的保护模式主要包括禁止占用模式和数据专有权模式。从立法模式来看，我国采取以保密为基础的数据专有权模式。❶

2002 年公布的《药品注册管理办法（试行)》第 14 条规定："按照《药品管理法实施条例》第三十五条的规定，对获得生产或者销售含有新型化学成分药品许可的生产者或者销售者提交的自行取得且未披露的试验数据和其他数据，国家药品监督管理局自批准该许可之日起 6 年内，对其他未经已获得许可的申请人同意，使用其未披露数据的申请不予批准。但是其他申请人提交自行取得数据的除外。其他申请人在提出药品注册申请时，应当承诺所有试验数据均为自行取得并保证其真实性。"由此可知，对于含有新型化学成分药品的未经披露的试验数据和其他数据给予独占保护，期限是 6 年（自批准许可之日起)。其他申请人未经获得许可的申请人同意不得使用以上数据。该规定无疑强化了对于原研药企业的保护。除专利权的保护之外，能够获得药品数据的独占保护。需要注意的是，保护的范围仅限于含有新型化学成分药品的未披露数据。换言之，不含有新型化学成分药品的未披露数据无法获得保护，保护范围过窄。药品数据受保护的条件包括：第一，数据是依法获得许可的生产者或销售者所提交；第二，数据是由依法获得许可的生产者或销售者自行取得；第三，数据是未披露的数据。

2005 年公布的《药品注册管理办法》对于 2002 年公布的《药品注册管理办法（试行)》第 14 条的规定进行了微调。经修改后

---

❶ 梁志文．药品数据保护的比较分析与立法选择［J］．政法论丛，2014（5）：81－82.

的第 14 条规定："对获得生产或者销售含有新型化学成分药品许可的生产者或者销售者提交的自行取得且未披露的试验数据和其他数据，国家食品药品监督管理局自批准该许可之日起 6 年内，对未经已获得许可的申请人同意，使用其未披露数据的申请不予批准。但是申请人提交自行取得数据的除外。"较之于原条款，修改后的条款删除了第 2 款，并删除了"按照《药品管理法实施条例》第三十五条的规定"的表述。原因在于，2002 年公布的《药品注册管理办法（试行）》第 14 条第 2 款的内容与 2002 年公布的《药品管理法实施条例》第 35 条第 1 款的规定有重复之处，2002 年公布的《药品管理法实施条例》第 35 条第 2 款的规定和 2002 年公布的《药品注册管理办法（试行）》第 14 条第 1 款的内容相同。另外，2002 年公布的《药品管理法实施条例》第 35 条第 3 款规定了药品数据保护的例外，2005 年公布的《药品注册管理办法》第 14 条删除"按照《药品管理法实施条例》第三十五条的规定"后，药品数据独占保护的程度进一步强化。

2007 年公布的《药品注册管理办法》对于药品数据独占保护条款进行了少量修改，重申了 2002 年公布的《药品管理法实施条例》第 35 条第 1 款和第 2 款的规定。其中第 20 条规定："按照《药品管理法实施条例》第三十五条的规定，对获得生产或者销售含有新型化学成分药品许可的生产者或者销售者提交的自行取得且未披露的试验数据和其他数据，国家食品药品监督管理局自批准该许可之日起 6 年内，对未经已获得许可的申请人同意，使用其未披露数据的申请不予批准；但是申请人提交自行取得数据的除外。"显然，相比于 2005 年公布的《药品注册管理办法》的药品数据独占保护条款，该条款再次写入了"按照《药品管理法实施条例》第三十五条的规定"的表述，以更好地实现私人利益与公共利益的平衡。

2020 年公布的《药品注册管理办法》删除了药品数据独占保护条款。原因在于国家药品监督管理局就药品试验数据的保护专门制定了部门规章《药品试验数据保护实施办法（暂行）（征求意见稿）》。

综上所述，药品数据保护不同于药品专利保护。虽然我国通过立法规定了对于药品试验数据的独占保护（即确立了不依赖义务和不披露责任），但是该规定存在不完善之处，同时也存在与其他条款相衔接的问题。

（三）仿制药注册申请程序

2002 年公布的《药品注册管理办法（试行）》第 13 条规定："已获得中国专利的药品，其他申请人在该药品专利期满前 2 年内可以提出注册申请。国家药品监督管理局按照本办法予以审查，符合规定的，在专利期满后批准生产或者进口。"该条款确立了仿制药厂商提出注册申请的期间限制，即在专利药品专利期满前 2 年内提出。当然，注册申请应当同时符合 2002 年公布的《药品注册管理办法（试行）》规定的其他条件。最后，该条款还有经审查符合规定的法律后果，但缺失对于注册申请行为是否侵犯专利权的规定。

2005 年公布的《药品注册管理办法》第 13 条对于 2002 年公布的《药品注册管理办法（试行）》第 13 条的内容进行了部分调整。其具体规定为："对他人已获得中国专利权的药品，申请人可以在该药品专利期届满前 2 年内提出注册申请。国家食品药品监督管理局按照本办法予以审查，符合规定的，在专利期满后核发药品批准文号、《进口药品注册证》或者《医药产品注册证》。"从中不难看出，除了修改第一句的个别表述外，该条款主要修改了审查合规的法律后果，即经依法审查符合规定的，原国家食品药品监督管理局在药品专利期满后核发相关的许可。2007 年公布的《药品注册管理办法》第 19 条沿用了 2005 年公布的《药品注册管理办法》第 13 条之规定，未作任何调整。

毋庸置疑，上述对于仿制药厂商提出药品注册申请期间的规定更有利于保护原研药厂商的权益。与之相对应，仿制药的上市将被延迟（因为多数医药审批时间均超过了 2 年），且上述规定与我国《专利法》中的 Bolar 例外（Bolar exception）条款存在脱节现象。故而，2020 年公布的《药品注册管理办法》不仅删除了关于仿制药厂商提出药品注册申请期间的规定，而且简化了特定仿制药的注册申请程序。[1]

（四）药品注册过程中专利纠纷的解决

药品专利链接制度的重要内容之一就是将专利纠纷解决的程序前置，使得药品上市审批和药品专利侵权纠纷的解决相联系，以在仿制药品上市之前解决专利纠纷。如此既能更有效地保护原研药企业的利益，又能降低仿制药在上市之后专利侵权的风险，减少可能发生的经济损失，进而提高药品的可及性。但是，我国的《药品注册管理办法》并未作出相关规定。

2002 年公布的《药品注册管理办法（试行）》第 12 条规定："药品注册申请批准后发生专利权纠纷的，当事人应当自行协商解决，或者依照有关法律、法规的规定，通过司法机关或者专利行

---

[1] 2020 年公布的《药品注册管理办法》第 35 条规定："仿制药、按照药品管理的体外诊断试剂以及其他符合条件的情形，经申请人评估，认为无需或者不能开展药物临床试验，符合豁免药物临床试验条件的，申请人可以直接提出药品上市许可申请。豁免药物临床试验的技术指导原则和有关具体要求，由药品审评中心制定公布。仿制药应当与参比制剂质量和疗效一致。申请人应当参照相关技术指导原则选择合理的参比制剂。"

政机关解决。”尽管该条款规定了专利纠纷的解决方式，但纠纷解决的时间是在药品注册申请批准之后。

2005 年公布的《药品注册管理办法》第 12 条对原条款作出了补充规定，增加了 1 款。该条款的内容为：“药品注册申请批准后发生专利权纠纷的，当事人可以自行协商解决，或者依照有关法律、法规的规定，通过管理专利工作的部门或者人民法院解决。专利权人可以依据管理专利工作的部门的最终裁决或者人民法院认定构成侵权的生效判决，向国家食品药品监督管理局申请注销侵权人的药品批准文号。国家食品药品监督管理局据此注销侵权人的药品批准证明文件。”从中不难看出，药品专利纠纷的解决时间依然是在药品注册申请批准之后。只不过依据其第 12 条第 2 款之规定，胜诉的原研药企业有权依法向国家食品药品监督管理局提出申请，以注销侵权人的药品批准文号。尽管如此，侵权的行为和后果均已发生，原研药企业遭受了一定的经济损失；侵权的仿制药企业既应该终止销售，又需要赔偿原研药企业为此遭受的经济损失。另外，因药品批准文号的注销，药品可及性将不可避免地受到影响。

2007 年公布的《药品注册管理办法》第 18 条第 2 款修改了上述第 12 条的内容。修改后的条款内容是：“药品注册过程中发生专利权纠纷的，按照有关专利的法律法规解决。”由此可知，该条款将药品专利纠纷的解决时间提前了，但该条款的规定没有将专利纠纷解决和药品的上市审批相链接，且条款本身的内容较为抽象，缺乏可操作性。

2020 年公布的《药品注册管理办法》删除了专利纠纷解决条款。不过，第 92 条第 2 款规定了不予批准的药品申请注册情形，其中第 8 项是兜底条款，进而增强了该条款的灵活性和适应性。具体内容是："法律法规规定的不应当批准的其他情形。"申言之，如果其他法律法规规定了不予批准药品申请的情形，那么药品监督管理部门应不予批准。

总体而言，我国《药品注册管理办法》规定了药品专利链接制度的部分内容，包括药品专利信息说明及不侵权声明、药品数据独占保护、仿制药注册申请程序和药品注册过程中专利纠纷的解决。需要注意的是，我国《药品注册管理办法》经过了多次修改，内容存在差异（包含与药品链接相关的具体制度）。然而，上述与药品链接相关的制度内容并不完善，亦不全面，且与美国、加拿大、韩国及日本等国的药品专利链接制度相去甚远。就此而论，基于上述规定，我国尚未建立药品专利链接制度。

二、《专利法》中的 Bolar 例外条款

（一）Bolar 例外规则的源起及作用

美国最早通过立法规定了 Bolar 例外条款。即 Hatch – Waxman 法案中的试验使用例外。该条款的内容是："在美国制造、使用或销售药品，需要依照联邦药品管理法的规定提交相关研发信息，仅仅为满足联邦法律对提交数据的规定而进行的相关行为，如在美国本土制造、使用、许诺销售或销售专利药品或将专利药品进口至美国本土不认为是专利侵权行为。"[1] 显然，该例外是对于药品专利权保护范围，以及专利权人私权行使的限制。

之所以制定 Bolar 例外条款，起因于美国联邦巡回上诉法院在 *Roche v. Bolar* 案中的判决。被告 Bolar 公司是一家仿制药厂商，为

---

[1] 楼杜鹏．药品专利 Bolar 例外条款的发展和应用［J］．中国发明与专利，2011（7）：80.

了在原告 Roche 公司的专利药到期后立即销售该药品的仿制药，Bolar 公司于 1983 年就使用 Roche 公司的专利药进行试验，并收集美国 FDA 批准所需的数据。1983 年 7 月 28 日，Roche 公司对 Bolar 公司提起侵权诉讼。在一审判决中，美国纽约东区联邦地区法院认定，被告 Bolar 公司的行为不构成专利侵权。美国联邦巡回上诉法院推翻了一审法院的判决，判定被告 Bolar 公司侵犯了原告 Roche 公司的专利权。其理由是 Bolar 公司的行为具有商业目的，不属于试验使用例外。❶ 该判决一经作出便引起了仿制药企业的强烈反对。最终，美国国会在 Hatch – Waxman 法案中规定了 Bolar 例外条款。美国通过判例进一步扩展了 Bolar 例外的适用范围。迄今为止，根据美国的相关立法及有关判例，Bolar 例外条款可适用的行为已经扩展至 17 种之多。❷ 除美国外，欧洲的主要国家（德国、法国、意大利、英国、比利时和瑞典等），以及日本和加拿大均规定了 Bolar 例外条款。

Bolar 例外产生的根本原因是专利制度在医药产品领域中受到医药产品审批制度的影响而发生了扭曲，原有的利益平衡被打破。❸ 周知，药品的可及性，药品的质量、安全性与人类的生命健康直接相关。生命健康权是基本人权，因此，各国药品监督管理部门对于药品的上市审批慎之又慎，均会严格遵循法定的标准和程序。但是，若在药品专利期满之后才允许仿制药厂商进行实验，则将在一定程度上延迟仿制药的上市，客观上延长了药品专利的

---

❶ 杨莉，李野，杨立夫．药品专利保护的 Bolar 例外研究［J］．中国新药杂志，2007，16，(15)：1145.

❷ 陈家宏，杨思佳．我国“Bolar 例外”条款困境与出路分析［J］．中国发明与专利，2018，15（10）：64.

❸ 胡潇潇．药品专利“Bolar 例外”制度的利益平衡：兼评“Bolar 例外”在美国的创立、发展及其启示［J］．求索，2010（1）：150.

独占期，进而影响药品的可及性和公共健康。Bolar 例外条款的立法目的在于克服专利保护期限届满之后才对仿制药品和医疗器械上市进行审批所带来的上市延迟。[1] 质言之，Bolar 例外条款的作用主要是利益平衡，实现私人利益和公共利益的平衡，以缓解公共健康危机。即在不影响对药品专利权保护的前提下，通过为仿制药厂商设定例外，使得符合审批要求的仿制药厂商在药品专利期满后能立即上市销售仿制药。

（二）我国法院在司法实践中的做法

在《专利法》中规定 Bolar 例外条款之前，我国法院在司法实践中对于实验使用是否构成专利侵权的认定不同。我国涉及 Bolar 例外的最早案例是发生于 1995 年的英国葛兰素集团有限公司诉西南合成制药厂“盐酸恩丹西酮”专利侵权案。[2] 在该案中，原告英国葛兰素公司在获知被告制造了原告享有方法专利的药品盐酸恩丹西酮，用于新药临床试验，并获得卫生部批准的新药证书后，于 1995 年 5 月向重庆市第一中级人民法院提起了侵权之诉。[3] 重庆市第一中级人民法院认定“该行为属于为生产经营目的实施专利的行为，侵犯了原告的专利权。”[4]

而在 2006 年的三共株式会社等诉北京万生药业有限责任公司专利侵权案中，北京市第二中级人民法院认定：“虽然被告万生公

---

[1] 宁立志．我国“Bolar 例外规则”的学理解构与制度重建［J］．政法论丛，2019（2）：46.

[2] 蒋洪义．“Bolar 例外”原则的创立、发展及其在中国的应用［J］．中国科技法学年刊，2007（1）：127.

[3] 吴玉和，熊延峰．中美两国有关 Bolar 例外的理论与实践［J］．中国专利与商标，2008（3）：7.

[4] 丁文杰．药品专利“Bolar 例外”条款的法律规则：三共株式会社等诉北京万生药业有限责任公司侵犯专利权纠纷案［J］．中国发明与专利，2019，16（5）：121.

司为实现进行临床试验和申请生产许可的目的使用涉案专利方法制造了涉案药品，但其制造行为是为了满足国家相关部门对于药品注册行政审批的需要，以检验其生产的涉案药品的安全性和有效性。被告万生公司制造涉案药品的行为并非直接以销售为目的，不属于为生产经营目的实施专利的行为，故被告的行为不构成对涉案专利权的侵犯。”❶

综上可知，在无法律明文规定的情形下，对于专利药品或专利方法的试验使用行为是否构成专利侵权行为，两个主审法院的判决结果截然相反，况且生产经营目的和行政审批目的并非泾渭分明。作为奉行成文法传统的大陆法系国家，我国《专利法》的相应完善势在必行。

（三）我国《专利法》中的 Bolar 例外条款

2008 年，我国《专利法》进行了第三次修正。经修正的《专利法》在其第 69 条第 1 款第 5 项增加了 Bolar 例外条款，“其立法目的主要是为了解决公共健康问题。”❷ 该项具体内容为：“为提供行政审批所需要的信息，制造、使用、进口专利药品或者专利医疗器械的，以及专门为其制造、进口专利药品或者专利医疗器械的。”据此条款，符合上述法定条件的行为人将免于承担侵权责任，但是其行为本身依然具有违法性，不因该条款之规定而合法化。进言之，该条款实为法定的抗辩事由。从另一个角度观之，该条款本身构成了对于专利权的限制，为私权的行使设定了限度及边界，以保障公共健康。2020 年，我国《专利法》进行了第四

❶ 参见北京市第二中级人民法院（2006）二中民初字第 04134 号民事判决书。

❷ 丁文杰. 药品专利“Bolar 例外”条款的法律规则：三共株式会社等诉北京万生药业有限责任公司侵犯专利权纠纷案［J］. 中国发明与专利，2019，16（5）：121.

次修正，修正后的《专利法》沿用了 2008 年第三次修正的《专利法》第 69 条的内容，将 Bolar 例外条款规定在第 75 条第 5 款。

从适用的条件来看，Bolar 例外条款要求同时满足以下 3 个条件：第一，行为目的。该条款要求行为人必须以申请行政审批为目的。可事实上，行政审批并非唯一目的，通常行为人具有生产经营目的。条件中的行政审批目的是否为唯一目的不明确。第二，主体类型。该条款规制两类仿制行为：其一，仿制药经营者自己作为研究试验行为实施者所实施的该条款允许的行为；其二，其他主体为研究试验者实施以获取行政审批信息为目的的药品试验行为而为的标的提供行为。[1] 简言之，有权援引该条款作为抗辩事由的主体不限于仿制药经营者，还包括为前者申请行政审批提供服务或者帮助的第三人。第三，行为范围。对于上述两类主体，Bolar 例外条款规定的行为范围存在差异。仿制药企业可以实施的行为包括：制造、使用、进口专利药品或者专利医疗器械。销售和许诺销售行为被排除在外。因为如果将销售或许诺销售行为纳入豁免范围，就会严重损害专利权人的合法权益，导致仿制药企业和原研药企业的利益失衡。不仅如此，若将销售和许诺销售纳入豁免范围，则会出现主、客观不统一的现象。显然，销售和许诺销售行为与行政审批目的不相对应。而第三人可以实施的行为包括：专门为申请行政审批的仿制药商制造、进口专利药品或者专利医疗器械的行为。必须注意的是：不论是仿制药企业，还是第三人，除了实施上述法定行为之外，还需满足主观要件，才能享有我国《专利法》Bolar 例外条款规定的豁免权。

[1] 宁立志．我国“Bolar 例外规则”的学理解构与制度重建［J］．政法论丛，2019（2）：48．

三、《专利法》中的药品专利纠纷早期解决机制条款

美国的药品专利链接制度有效运作的一个重要法律依据就是“拟制侵权制度”。[1] 通过该制度，原研药的专利权人在仿制药申请注册阶段即可提起专利侵权之诉，将专利纠纷的解决时间提前。质言之，药品专利纠纷早期解决机制是药品专利链接制度的必备内容和关键环节，即将药品专利司法保护的时间提前到药品申请注册阶段，且药品专利纠纷的解决与药品上市审批程序相关联。

我国2020年修正的《专利法》第76条第1款规定：“药品上市审评审批过程中，药品上市许可申请人与有关专利权人或者利害关系人，因申请注册的药品相关的专利权产生纠纷的，相关当事人可以向人民法院起诉，请求就申请注册的药品相关技术方案是否落入他人药品专利权保护范围作出判决。国务院药品监督管理部门在规定的期限内，可以根据人民法院生效裁判作出是否暂停批准相关药品上市的决定。”显然，该条款确立了事先解决药品专利纠纷的法律依据，使得原研药专利权人和仿制药上市申请人在仿制药上市前解决纠纷有法可依。不仅如此，我国确立了专利纠纷早期解决的行政解决机制。《专利法》第76条第2款规定：“药品上市许可申请人与有关专利权人或者利害关系人也可以就申请注册的药品相关的专利权纠纷，向国务院专利行政部门请求行政裁决。”据此，原研药专利权人也可以选择期间较短、程序相对

---

[1] 美国专利法第271（e）（2）条规定，即任何人在新药专利权人的药品专利保护期内向药品行政监督管理部门提出新药注册申请或者仿制药注册申请的行为，均视为侵犯专利权的行为。程永顺，吴莉娟．探索药品专利链接制度［M］．北京：知识产权出版社，2018：24.

简单的行政解决机制。然而，不同于美国专利法，我国《专利法》并没有建立“拟制侵权制度”，也并未将仿制药注册申请行为规定为侵权行为。最高人民法院在石药集团恩必普药业有限公司、丽珠集团利民制药厂侵害发明专利纠纷再审案中明确指出，丽珠集团利民制药厂向药品评审中心申请注册涉案仿制药，该行为在本质上系请求行政机关给予行政许可的行为，并不属于《专利法》第11条第1款中规定的“实施专利”的行为，故不构成侵害专利权的行为。[1]

必须注意的是，药品专利纠纷早期解决机制是综合性的制度，需要多个部门的紧密配合，需要不同制度的相互协调。它的建立既是我国落实中美第一阶段经济贸易协议的具体体现，也是我国医药创新发展和专利制度进入“新时代”的重要实践。[2] 其中，《中华人民共和国政府和美利坚合众国政府经济贸易协议》第一章第三节第1.11条专门规定了“专利纠纷早期解决的有效机制”。该条款的第一段之（二）约定：“规定足够的时间和机会，让该专利权人在被指控侵权的产品上市之前寻求（三）段中提供的救济；以及（三）规定司法或行政程序和快速救济，例如，行为保全措施或与之相当的有效的临时措施，以便及时解决关于获批药品或其获批使用方法所适用的专利的有效性或侵权的纠纷。”该条款的第二段约定：“中国应在全国范围内建立与上述第一段相符的药品相关制度，包括规定专利权人、被许可人或上市许可持有人有权在被指控侵权的产品获得上市许可前提起诉讼，就可适用专利的

---

[1] 参见最高人民法院在石药集团恩必普药业有限公司、丽珠集团利民制药厂侵害发明专利纠纷（2019）最高法民申2178号民事裁定书。

[2] 邱明东．药品专利纠纷“早期解决机制条款”解读［N］．人民法院报，2020－12－10（5）．

有效性或侵权的纠纷解决寻求民事司法程序和快速救济。中国还可提供行政程序解决此类纠纷。”❶

诚然，上述条款规定的内容并不具体，缺乏可操作性，故《专利法》第76条第3款规定：“国务院药品监督管理部门会同国务院专利行政部门制定药品上市许可审批与药品上市许可申请阶段专利权纠纷解决的具体衔接办法，报国务院同意后实施。”

四、《药品专利纠纷早期解决机制实施办法（试行）》中的规定

2021年7月4日，国家药品监督管理局和国家知识产权局共同发布了《药品专利纠纷早期解决机制实施办法（试行）》（以下简称《解决机制实施办法》）。该《解决机制实施办法》是由国家药品监督管理局和国家知识产权局共同制定的，自公布之日起实施。毋庸置疑，该《解决机制实施办法》旨在与《专利法》中药品专利纠纷早期解决的规定相衔接，使之具体化，能够实施。

该《解决机制实施办法》主要规定了平台建设和信息公开制度、专利权登记制度、仿制药专利声明制度、司法链接和行政链接制度、批准等待期制度、药品审评审批分类处理制度、首仿药市场独占期制度等，构建了药品专利纠纷早期解决制度。

（一）上市药品专利信息登记制度

该《解决机制实施办法》具体规定了信息登记的平台、平台的管理机构、申请人登记的信息内容，以及申请人或者药品上市

---

❶ 中华人民共和国政府和美利坚合众国政府经济贸易协议［EB/OL］.（2020-01-15）［2021-01-19］. http://wjb.mof.gov.cn/gongzuodongtai/202001/W020200116100508495758.pdf.

许可持有人[1]对其登记信息应承担的保证责任。根据《解决机制实施办法》第2条、第3条第1款之规定，由国务院药品监督管理部门建立中国上市药品专利信息登记平台，供药品上市许可持有人登记在中国境内注册上市的药品相关专利信息，并向社会公示。具体来说，中国上市药品专利信息登记平台的建立和维护是由国家药品审评机构负责，并由其公开已获批上市药品的相关专利信息。

就登记的信息内容而言，药品上市许可持有人在获得药品注册证书后30日内应当登记的信息包括：药品名称、剂型、规格、上市许可持有人、相关专利号、专利名称、专利权人、专利被许可人、专利授权日期及保护期限届满日、专利状态、专利类型、药品与相关专利权利要求的对应关系、通讯地址、联系人、联系方式等内容。若已登记的信息发生了变更，药品上市许可持有人应在变更生效后30日内完成更新。此外，药品上市许可持有人应对登记信息的真实性、准确性和完整性负责。[2]

（二）仿制药申请人专利状态声明制度

在提交药品上市许可申请时，仿制药申请人应对照已在中国上市药品专利信息登记平台载明的专利信息，针对被仿制药每一件相关的药品专利作出声明，并提供依据，仿制药申请人除按要求提供纸质资料外，还应向上市许可持有人在中国上市药品专利

---

[1] 上市许可持有人（Marketing authorization holder，MAH），是药品上市许可批准证明文件的实际持有者，而在提交临床研究申请或者上市申请阶段的申请人或者称为上市许可申请人，不一定就是上市许可持有人（因在申报上市许可之前，有可能发生技术转让、收购、兼并等情况），最终获得上市许可批准证明文件的申请人才能称为上市许可持有人。杨悦．药品上市许可持有人制度导读［M］．北京：中国医药科技出版社，2018：5.

[2] 参见《药品专利纠纷早期解决机制实施办法（试行）》第3条、第4条。

信息登记平台登记的电子邮箱发送声明及声明依据，并留存相关记录。[1]

声明共分四类：第一类，中国上市药品专利信息登记平台中没有被仿制药的相关专利信息；第二类，中国上市药品专利信息登记平台收录的被仿制药相关专利权已终止或者被宣告无效，或者仿制药申请人已获得专利权人相关专利实施许可；第三类，中国上市药品专利信息登记平台收录有被仿制药相关专利，仿制药申请人承诺在相应专利权有效期届满之前所申请的仿制药暂不上市；第四类，中国上市药品专利信息登记平台收录的被仿制药相关专利权应当被宣告无效，或者其仿制药未落入相关专利权保护范围。仿制药申请和相应声明均应由国家药品审评机构在信息平台公开（自仿制药申请被受理后10个工作日内公开）。[2][3]

总体而言，声明的类型与美国 Hatch – Waxman 法案规定的声明类型相一致。[4] 为确保上市许可持有人获知仿制药申请人提交的声明及其依据，以与异议制度相衔接，保障上市许可持有人的权益，《解决机制实施办法》第6条规定：仿制药申请人应将相应声明及声明依据通知上市许可持有人，上市许可持有人非专利权人的，由上市许可持有人通知专利权人。但是，仿制药申请人通知上市许可人的具体时间不明。

---

[1][2] 参见《药品专利纠纷早期解决机制实施办法（试行）》政策解读。

[3] 参见《药品专利纠纷早期解决机制实施办法（试行）》第6条。

[4] 美国药品价格竞争及专利期补偿法规定的仿制药公司通过简化新药申请制度提交申请时专利状态声明的类型包括：①橙皮书中没有相关药品的登记信息；②与简化新药申请相关的药品专利已过专利保护期；③相关专利即将到期，但仿制药不在其专利保护期内上市销售；④相关专利无效或该申请仿制药的生产、使用或销售不会侵犯该专利权。

（三）专利权人或者利害关系人异议制度

对于专利声明以及声明依据有异议的，专利权人或利害关系人可以自国家药品审评机构公开药品上市许可申请之日起45日内，申请上市药品的相关技术方案是否落入相关专利权保护范围，向人民法院提起诉讼或者向国务院专利行政部门请求行政裁决。需要注意的是，专利权人为实现利益最大化，可能在仿制药品上市后提起专利侵权之诉，导致药品专利纠纷早期解决机制的目的落空。

此外，专利权人或利害关系人应向国家药品审评机构及仿制药申请人履行通知义务，以启动等待期程序。具体义务内容为：专利权人或者利害关系人如在规定期限内提起诉讼或者请求行政裁决的，应自人民法院立案或者国务院专利行政部门受理之日起15个工作日内将立案或受理通知书副本提交国家药品审评机构，并通知仿制药申请人。[1] 诚然，当专利权人或利害关系人没有在规定期限内提起诉讼或申请行政裁决的，国务院药品监督管理部门的审批程序不受影响，可根据技术审评结论和仿制药申请人提交的声明情形，直接作出是否批准上市的决定。对未批准上市的行政行为，仿制药申请人可以按相关规定提起诉讼或请求行政裁决。毋庸置疑，通知程序是实现药品专利纠纷早期解决和药品上市审评程序衔接的重要环节。但是，《解决机制实施办法》规定的接收通知的主体与审批部门尚不一致，接收通知的是国家药品审评机构，实施仿制药品上市审批的却是国务院药品监督管理部门。

（四）药品专利纠纷早期解决的途径

药品专利链接制度的重要内容就是将专利纠纷的解决提前，

---

[1] 参见《药品专利纠纷早期解决机制实施办法（试行）》第7条。

提前至药品上市许可申请阶段。根据《解决机制实施办法》第 7 条之规定，药品专利纠纷早期解决的途径包括：司法途径和行政途径。即专利权人或者利害关系人对四类专利声明有异议的，可以就申请上市药品的相关技术方案是否落入相关专利权保护范围向人民法院提起诉讼或者向国务院专利行政部门请求行政裁决。而在规定的期限内，专利权人可以自行选择纠纷解决途径。对国务院专利行政部门作出的行政裁决，当事人不服的，可在收到行政裁决书后依法向人民法院起诉。

为了实施行政和司法程序，公正解决药品专利纠纷，国家知识产权局制定并于 2021 年 7 月 5 日公布了《药品专利纠纷早期解决机制行政裁决办法》，最高人民法院制定并于 2021 年 7 月 4 日公布了《最高人民法院关于审理申请注册的药品相关的专利权纠纷民事案件适用法律若干问题的规定》。

2021 年 10 月，北京知识产权法院受理了首例“药品专利链接”诉讼案件。该案原告中外制药株式会社诉称，其为上市专利药品“艾地骨化醇软胶囊”的上市许可持有人，也是该药品所涉及的专利号为 2005800098777. 6、名称为“ED－71 制剂”的中国发明专利的专利权人。原告发现被告温州海鹤药业有限公司向国家药品监督管理部门申请了名称为“艾地骨化醇软胶囊”的仿制药上市许可申请。中国上市药品专利信息登记平台公示信息显示被告就该仿制药作出了 4. 2 类声明。故原告依照 2020 年修正的《专利法》第 76 条的规定向北京知识产权法院提起药品专利链接诉讼，请求法院确认被告申请注册的仿制药“艾地骨化醇软胶囊”落入原告享有的第 2005800098777. 6 号发明专利的专利权保护范围。2022 年 4 月 15 日，北京知识产权法院就该案公开宣判。法院经审理认为，涉案仿制药并未落入涉案专利权的保护范围，判决驳回原告的诉讼请求。[1]

（五）仿制药审评审批等待期

在收到人民法院立案或者国务院专利行政部门受理通知书副本后，国务院药品监督管理部门对化学仿制药注册申请设置9个月的等待期。等待期自人民法院立案或者国务院专利行政部门受理之日起开始计算。[2] 等待期只设置一次，即等待期的期限是固定的。需要注意的是，等待期内国务院药品监督管理部门不停止技术评审，只是停止行政审批。

然而，9个月的等待期是否足够需要进一步探讨，原因在于药品专利纠纷专业性强，技术问题较为复杂，且受理该类型案件的法院单一[3]，该类案件可能无法在9个月内审结。另外，《关于鼓励药品医疗器械创新 保护创新者权益的相关政策（征求意见稿）》规定："可设置最长不超过24个月的批准等待期"。两者规定的期间存在较大差异。当然，等待期也不宜过长，否则会延迟仿制药的上市。

（六）药品审评审批分类处理制度

国务院药品监督管理部门区分作出不同类型声明的仿制药注册申请，并给予不同的审批处理。

对于提交第一类声明（中国上市药品专利信息登记平台中没有被仿制药品相关专利信息）、第二类声明（中国上市药品专利信

---

[1] 北京知识产权法院．全国首例药品专利链接诉讼案件宣判［EB/OL］.（2022－04－16）［2022－05－08］. https://bjzcfy.bjcourt.gov.cn/article/detail/2022/04/id/6639582.shtml.

[2] 参见《药品专利纠纷早期解决机制实施办法（试行）》第8条。

[3] 最高人民法院发布的《关于审理涉药品上市审评审批专利民事案件适用法律若干问题的规定（征求意见稿）》第1条规定："专利法第七十六条规定的涉药品上市审评审批的专利第一审民事案件，由北京知识产权法院管辖。"

息登记平台收录的被仿制药相关专利权已终止或者被宣告无效，或者仿制药申请人已获得专利权人相关专利实施许可）的仿制药申请，国务院药品监督管理部门依据技术审评结论作出是否批准上市的决定；对于提交第三类声明（中国上市药品专利信息登记平台收录有被仿制药相关专利，仿制药申请人承诺在相应专利权有效期届满之前所申请的仿制药暂不上市）的化学仿制药注册申请，技术审评通过的，作出批准上市决定，但并非自批准决定作出之日即可上市，而是在相应专利权有效期和市场独占期届满之后方可上市。[1] 易言之，对被仿制药品不存在专利权的，被仿制药品不存在排他性的独占权，国务院药品监督管理部门可依法直接作出批准上市与否的决定。而对存在专利权且已依法进行信息登记的被仿制药品，国务院药品监督管理部门显然不能直接作出批准上市与否的决定，仿制药申请人应先作出特定的承诺（被仿制药专利有效期满之前，所申请的仿制药暂不上市），以保障药品专利权人的权益。

不同于针对提交前三类声明的处理方式，对于提交第四类声明的申请（中国上市药品专利信息登记平台收录的被仿制药相关专利权应当被宣告无效，或其仿制药未落入相关专利权保护范围），对技术审评通过的化学仿制药注册申请，国家药品审评机构需结合人民法院判决或国务院专利行政部门行政裁决作出相应处理。第一，若人民法院判决或国务院专利行政部门行政裁决确认落入相关专利权保护范围的，则待专利权期限届满前将相关化学仿制药申请转入行政审批环节；第二，确认不落入相关专利权保护范围或者双方和解的，按照程序将相关化学仿制药注册申请转

---

[1] 参见《药品专利纠纷早期解决机制实施办法（试行）》第9条。

入行政审批环节；第三，相关专利权被依法无效的，按照程序将相关化学仿制药注册申请转入行政审批环节；第四，若超过等待期，未收到人民法院的生效判决或者调解书，或者国务院专利行政部门的行政裁决，则国务院药品监督管理部门按程序将相关化学仿制药申请转入行政审批环节；第五，国务院药品监督管理部门在行政审批期间收到人民法院判决或国务院专利行政部门行政裁决，确认落入相关专利权保护范围的，将相关化学仿制药申请交由国家药品审评机构，即待专利权期限届满前将相关化学仿制药申请转入行政审批环节。❶ 需要注意的是，针对不同情形的处理方式存在差异。

（七）首仿药厂商的市场独占期

为鼓励仿制药厂商挑战被仿制药品的专利权，《解决机制实施办法》规定了给予符合条件的仿制药品以市场独占期。

具体内容是：对首个挑战专利成功❷且首个获批上市的化学仿制药品，给予市场独占期。国务院药品监督管理部门在该药品获批之日起 12 个月内不再批准同品种仿制药上市，共同挑战专利成功的除外，而市场独占期不超过被挑战药品的专利权期限。❸ 为增进药品市场的竞争，避免首个挑战成功的仿制药品在独占期满后垄断市场，《解决机制实施办法》规定，市场独占期内国家药品审评机构不停止技术审评。对通过技术审批的化学仿制药注册申请，在市场独占期到期前将相关化学仿制药注册申请转入行政审批环节。

---

❶ 参见《药品专利纠纷早期解决机制实施办法（试行）》第 10 条。

❷ 挑战专利成功是指化学仿制药申请人提交四类声明，且根据其提出的宣告专利权无效请求，相关专利权被宣告无效，因而使仿制药可获批上市。参见《药品专利纠纷早期解决机制实施办法（试行）》第 11 条第 2 款。

❸ 参见《药品专利纠纷早期解决机制实施办法（试行）》第 11 条。

其中，需要注意的问题是，市场独占期可能被滥用。美国和欧盟都出现了被仿制药品的专利权人在专利诉讼过程中，发现其专利可能被宣告无效，或仿制药挑战者可能被判不侵权时，与其达成“反向支付和解协议”（向其支付费用或转移其他利益），以获得仿制药企业不上市销售仿制药品的承诺或限定销售价格等，进而维持原研药企业的市场垄断地位。由此，反向支付和解协议将导致市场独占期的激励作用落空，延误仿制药的上市，影响药品的可及性。故《解决机制实施办法》或其他相关立法应对药品专利反向支付和解协议进行规制。美国、加拿大均通过修法规制反向支付和解协议行为，欧盟委员会也确立了反向支付和解协议违法的认定标准。

（八）主体责任

为确保登记信息的真实性、准确性和相关性，《解决机制实施办法》规定了信息登记申请人及其代理人的责任。

其承担责任的具体情形包括：第一，故意提交不实声明等弄虚作假；第二，故意将其他无关的专利纳入中国上市药品专利信息登记平台。只要具备上述情形之一，且侵犯专利权人相关专利权或其他给当事人造成损失的，就应依法承担相应责任。[1] 然而，责任的构成要求申请人及其代理人的主观上是故意的，这种故意不仅难于认定，而且申请人及其代理人极有可能以此为由抗辩逃避法律责任。此外，为避免药品专利权人或利害关系人故意不提出或怠于提出异议，而通过行使诉权影响仿制药上市，《解决机制实施办法》规定，专利纠纷应依据《专利法》等法律法规的相关规定解决。已依法批准的药品上市许可决定不予撤销，不影

---

[1] 参见《药品专利纠纷早期解决机制实施办法（试行）》第15条。

响其效力。[1]

总之，《解决机制实施办法》与《专利法》第76条的规定有效衔接，建立了专利纠纷早期解决机制，对我国药品专利链接制度的构建至关重要。但《解决机制实施办法》规定的部分制度尚需深入探讨，并进行相应完善。例如，异议期的起算时间是否合理，9个月的等待期是否足够，鼓励政策能否规制“反向支付和解协议”，登记信息删除机制是否建立，以及责任构成是否有必要规定主观故意等。

五、《药品专利纠纷早期解决机制行政裁决办法》中的规定

2021年7月5日，国家知识产权局发布了《药品专利纠纷早期解决机制行政裁决办法》（以下简称《裁决办法》），并自公布之日起实施。《裁决办法》的立法目的在于：“进一步保护药品专利权人合法权益，降低药品领域专利侵权风险，同时鼓励药物研发创新，推动制药产业高质量发展，对药品专利纠纷早期解决机制实施行政裁决有关工作进行明确和规范。”[2]

《裁决办法》共24条，主要规定了行政裁决的请求主体、可裁决的药品专利范围、与司法途径的协调、行政裁决与无效程序的关系、行政裁决的执行与公开等内容。

（一）受理药品专利纠纷早期解决机制行政裁决的部门

国家知识产权局负责药品专利纠纷早期解决机制行政裁决的办理工作，具体由国家知识产权局设立药品专利纠纷早期解决机

---

[1] 参见《药品专利纠纷早期解决机制实施办法（试行）》第14条。

[2] 国家知识产权局．《药品专利纠纷早期解决机制行政裁决办法》解读［EB/OL］．(2021－09－18)［2021－10－08］．https://www.cnipa.gov.cn/art/2021/9/18/art_2432_170417.html.

制行政裁决委员会，组织和开展药品专利纠纷早期解决机制行政裁决相关工作。[1]

（二）请求药品专利纠纷早期解决机制行政裁决的主体

根据《专利法》第76条之规定，可以请求药品专利纠纷早期解决机制行政裁决的主体包括：相关专利的专利权人或者利害关系人以及药品上市许可申请人。其中，利害关系人是指相关专利的被许可人或者登记的药品上市许可持有人。[2] 质言之，请求药品专利纠纷早期解决机制行政裁决的主体是特定的，但不限于专利权人和药品上市许可申请人，还包括利害关系人。

（三）请求药品专利纠纷早期解决机制行政裁决应满足的条件

当事人请求国家知识产权局对药品专利纠纷进行行政裁决的，应当同时符合以下条件：①主体适格，即具备法定的主体身份；②有明确的被请求人，因提出请求的主体不同，被请求人也存在差异；[3] ③有明确的请求事项和具体的事实、理由；④相关专利信息已登记在中国上市药品专利信息登记平台上，且符合《药品专利纠纷早期解决机制实施办法》的相关规定；⑤人民法院此前未就该药品专利纠纷立案；⑥在规定的时限内提出请求；⑦裁决请求符合规定，即一项行政裁决请求应当仅限于确认一个申请上市

---

[1] 参见《药品专利纠纷早期解决机制行政裁决办法》第2条。

[2] 参见《药品专利纠纷早期解决机制行政裁决办法》第4条。

[3] 专利权人或者利害关系人请求确认申请上市许可的药品相关技术方案落入相关专利权的保护范围的，应当以药品上市许可申请人作为被请求人。药品上市许可申请人请求确认申请上市许可的药品相关技术方案不落入相关专利权的保护范围的，应当以专利权人作为被请求人。参见《药品专利纠纷早期解决机制行政裁决办法》第5条、第6条。

许可的药品技术方案是否落入某一项专利权的保护范围。[1] 以上条件必须同时满足，缺一不可。

（四）请求药品专利纠纷早期解决机制行政裁决的时限

请求人应当在规定的时限内提出药品专利纠纷早期解决机制行政裁决的书面请求。请求人为药品上市许可申请人的，应自国家药品审评机构公开药品上市许可申请之日起 45 日内，提出确认申请上市许可的药品相关技术方案不落入相关专利权保护范围的行政裁决请求。[2]前提条件是专利权人或者利害关系人未就该药品专利纠纷向人民法院起诉或者提起行政裁决请求。

请求人为专利权人或利害关系人的，根据《解决机制实施办法》第 7 条之规定，专利权人或利害关系人应自国家药品审评机构公开药品上市许可申请之日起 45 日内提出确认申请上市许可的药品相关技术方案落入相关专利权保护范围的行政裁决请求，同时专利权人或利害关系人应未就该纠纷向人民法院起诉。当然，如果当事人不服国家知识产权局作出的药品专利纠纷行政裁决，可依法向人民法院提起行政诉讼。总之，不论请求人的身份为何，提出药品专利纠纷早期解决机制行政裁决请求的时限均为自国家药品审评机构公开药品上市许可申请之日起 45 日内。

（五）请求药品专利纠纷早期解决机制行政裁决的专利范围

根据《裁决办法》的规定，请求人只能对符合以下条件的专利提出行政裁决的请求，即相关专利信息已登记在中国上市药品专利信息登记平台上，且符合《解决机制实施办法》的相关规定。

---

[1][2] 参见《药品专利纠纷早期解决机制行政裁决办法》第 4 条。

依据国家药品监督管理局作出的《药品专利纠纷早期解决机制实施办法（试行）》政策解读，可以在中国上市药品专利信息登记平台中登记的具体药品专利包括：化学药品（不含原料药）的药物活性成分化合物专利、含活性成分的药物组合物专利、医药用途专利；中药的中药组合物专利、中药提取物专利、医药用途专利；生物制品的活性成分的序列结构专利、医药用途专利。[1]

（六）药品专利纠纷早期解决机制行政裁决途径与司法途径的协调

为避免纠纷解决资源的浪费，延误纠纷的解决，《裁决办法》将人民法院此前未就该药品专利纠纷立案作为请求提出的必备条件之一。如果同一专利纠纷已被人民法院立案，对当事人提出的药品专利纠纷早期解决机制行政裁决请求，国家知识产权局不予受理，以保证当事人仅选择行政裁决或诉讼之一解决同一药品专利纠纷。当然，如果当事人对国家知识产权局作出的药品专利纠纷行政裁决不服的，有权依法向人民法院起诉。[2]

（七）药品专利纠纷早期解决机制行政裁决与专利无效程序的关系

如前所述，药品专利纠纷早期解决机制只是确认一个申请上市许可的药品技术方案是否落入某一项专利权的保护范围（发明或实用新型专利权的保护范围以权利要求书为准）；专利无效宣告是指如果专利权的授予不符合专利法的规定，任何单位或个人可

---

[1] 国家药品监督管理局．《药品专利纠纷早期解决机制实施办法（试行）》政策解读［EB/OL］．（2021－07－04）［2021－08－06］．https://www.nmpa.gov.cn/directory/web/nmpa/xxgk/zhcjd/zhcjdyp/20210703225214150.html.

[2] 参见《药品专利纠纷早期解决机制行政裁决办法》第11条。

请求国务院专利行政部门宣告专利权无效（包括全部无效或部分无效）。如果根据生效的裁决诉争专利权被宣告无效，那么该专利权便不受法律保护。概言之，如果涉案专利权部分或全部无效，就自然会对行政裁决程序产生影响。

根据《裁决办法》的规定，药品专利纠纷行政裁决案件办理中，涉案专利所涉及的部分权利要求被国家知识产权局宣告无效的，根据维持有效的权利要求为基础作出行政裁决；涉案专利所涉及的权利要求被国家知识产权局全部宣告无效的，驳回行政裁决请求。[1] 诚然，如果在当事人请求药品专利纠纷早期解决机制行政裁决之时，涉案专利所涉及的权利要求被国家知识产权局宣告无效的，国家知识产权局不予受理该请求。但是，国务院专利行政部门作出的宣告专利权无效或维持专利权效力的决定不是终局的，当事人有权依法提起行政诉讼，人民法院作出的裁决可能维持，也可能撤销（含部分撤销）国务院专利行政部门作出的上述决定。为此，尽管涉案专利所涉及的权利要求被国家知识产权局宣告无效，但当人民法院已撤销国务院专利行政部门作出的无效决定时，国家知识产权局可否受理该请求不明确。

（八）药品专利纠纷早期解决机制行政裁决的执行与公开

《裁决办法》规定行政裁决作出后，应当送达当事人并抄送国务院药品监督管理部门，同时按照《政府信息公开条例》及有关规定向社会公开。为保护商业秘密，《裁决办法》规定行政裁决公开时，应当删除涉及商业秘密的信息。[2] 而在国务院药品监督管理部门获知行政裁决的结果后，国家药品审评机构就能据此作出是

---

[1] 参见《药品专利纠纷早期解决机制行政裁决办法》第10条。

[2] 参见《药品专利纠纷早期解决机制行政裁决办法》第18条。

否将仿制药注册申请转入行政审批环节的决定。

此外，《裁决办法》规定了请求国家知识产权局对药品专利纠纷进行行政裁决应当提交的材料，请求书应当载明的内容和具体程序等。总之，《裁决办法》建立了药品专利纠纷早期解决机制行政裁决机制，是药品专利纠纷早期解决机制的必要内容，推动形成了我国的药品专利纠纷早期解决制度。

六、《专利法》中的药品专利权期限补偿条款

药品专利权期限补偿制度，是指专利药品在专利期限届满后，在符合法定条件的情况下，可以再额外获得一定时期的专利保护。[1] 美国、欧盟、加拿大、澳大利亚、日本、韩国等均确立了药品专利权期限补偿制度。原因在于：一方面新药的研发投资大、风险大、周期长。美国的塔夫茨大学药物研究中心的数据显示，每种新药的平均成本为26亿美元，平均耗时14年，新药研发成功率平均为18%，进入临床阶段药物最终能够得到批准的比例更低。[2] 制药企业期待更长的专利保护期以收回投资，赚取利润；另一方面，为了保证新药的安全性和有效性，新药的审批流程较为严格，耗时较长；基于行业竞争的考量，制药企业通常在新药发现的早期即申请专利，而专利保护期的起算时间是申请日或优先权日，这意味着，如果以20年的专利期限为标准进行计算，这些创新药物的平均实际专利保护期限仅为7.2年，并且有相当多的新

[1] 何华．我国药品专利期限补偿制度的构建：以“健康中国”战略实施为背景的分析［J］．法商研究，2019（6）：177.

[2] 程永顺，吴莉娟．探索药品专利链接制度［M］．北京：知识产权出版社，2019：5.

药在保护期届满时其经济效益尚未得到最充分的体现。[1] 简言之，药品专利权期限补偿制度的确立极具现实意义和必要性。从实施效果来看，美国、欧盟、日本等均在全球医药产业中占据领先地位。在2019年全球药企50强中，美国占据16席，欧盟占据17席，日本占据8席。其中美国在前10强中占据6席，如表2－1所示。[2] 同时必须注意的是，药品专利权期限补偿制度将延长专利药品的市场独占期，进而延迟仿制药品的上市，影响药品的可及性，对公共健康产生消极影响，故药品专利权期限补偿制度应通过设定条件，并与药品试验免责、强制许可等制度相协调，以实现私人利益和公共利益的平衡，实现推动医药创新与保障公共健康的平衡。

表2－1　2019年全球制药企业10强

序号	公司名称	销售额（亿美元）	公司所在地
1	辉瑞（Pfizer）	453.02	美国
2	罗氏（Roche）	445.52	瑞士
3	诺华（Novartis）	434.81	瑞士
4	强生（Johnson & Johnson）	388.15	美国
5	默克（Merk & Co.）	373.53	美国
6	赛诺菲（Sanofi）	351.21	法国
7	艾伯维（Abbvie）	320.67	美国

[1] 何华．药品专利权期限补偿制度探究：以药品消费特性为视角［J］．法学评论，2019（4）：187.

[2] CHRISTEL M. Pharm Exec's Top 50 Companies 2019［EB/OL］．（2019－07－12）［2021－01－27］．https：//www. pharmexec. com/view/pharm－execs－top－50－companies－2019.

续表

序号	公司名称	销售额（亿美元）	公司所在地
8	葛兰素史克（GlaxoSmithKline）	306.45	英国
9	安进（Amgen）	225.33	美国
10	吉利德（Gilead Sciences）	216.77	美国

我国于2020年修正的《专利法》第42条第3款规定了新药专利权期限补偿制度。[1] 首先，制度的目的是补偿新药上市审评审批占用的时间。其次，适用的对象是在中国获得上市许可的新药相关发明专利。但是，新药相关发明专利的范围尚不明确。第一，“新药”的类型不清；第二，“相关”的程度不定；第三，“发明专利”是否包括新药的方法专利不明（如制造方法、使用方法）。再次，具体程序，由专利权人提出给予专利权期限补偿的请求，国务院专利行政部门进行审批。显然，程序规定相对简单。最后，新药补偿期限不超过5年，新药批准上市后总有效专利权期限不超过14年。该补偿期限与美国药品专利权期限补偿制度中的补偿期限相同。然而，与美国、日本等的药品专利权期限补偿制度相比，我国的上述规定并不具体，缺乏可操作性，缺失了对于必备内容的规定。例如，专利权期限补偿请求的提出时间、可申请专利期延长的条件、申请材料的类型和内容、审批程序，延长次数和延长期的计算等。

总之，2020年修正的《专利法》确立了药品专利权期限补偿

[1] 《专利法》第42条第3款规定：“为补偿新药上市审评审批占用的时间，对在中国获得上市许可的新药相关发明专利，国务院专利行政部门应专利权人的请求给予专利权期限补偿。补偿期限不超过五年，新药批准上市后总有效专利权期限不超过十四年。”

制度，但制度内容尚需补充和细化。国务院专利行政部门、国务院药品监督管理部门等相关部门应通过制定部门规章以具体化药品专利权期限补偿制度。基于药品专利权期限补偿制度的复杂性、重要性，相关部门可通过选择部分新药进行药品专利权期限补偿制度试点，先试先行并经过不断调适，最终形成完整的、完善的药品专利权期限补偿制度。

七、我国《药品试验数据保护实施办法（暂行）（征求意见稿)》中的规定

2018 年 4 月 25 日，国家药品监督管理局办公室发布了《药品试验数据保护实施办法（暂行）（征求意见稿)》（以下简称《数据保护实施办法》)。《数据保护实施办法》区分不同种类的药品规定了数据保护期，并全面规定了数据保护的对象、数据保护的实施流程、数据保护权利人的权利保护与权利限制等，进一步提高了药品试验数据的保护水平。

（一）保护对象、保护范围及保护条件

较之于《药品注册管理办法》中关于药品试验数据保护的规定，《数据保护实施办法》细化并拓宽了保护对象，延长了保护期限，明确了保护条件。

根据《数据保护实施办法》第 3 条之规定，药品试验数据保护的对象包括创新药、创新治疗用生物制品、罕见病治疗药品、儿童专用药和专利挑战成功的药品。而《药品注册管理办法》规定的试验数据的保护对象仅为含有新型化学成分的药品。需要注意的是，并非上述五类药品的所有数据均能获得保护。依据《数据保护实施办法》第 4 条之规定，受保护的药品试验数据是指：药品上市申请人根据要求所提交的药品上市注册申请文件数据包

中与药品有效性相关的非临床和临床试验数据，但不包括与药品安全性相关的数据。而《药品注册管理办法》规定的受保护的数据包括试验数据和其他数据。毫无疑问，试验数据和其他数据涵盖的范围过宽，容易导致数据独占权的滥用，不利于仿制药的及时上市，继而影响药品的可及性。

与此同时，只有满足以下条件，上述药品的试验数据才能得到保护。具体条件包括：①以获得药品上市许可为目的提交药品注册申请资料中所要求提交的数据；②提交药品注册申请前未公开披露；③未依赖他人的试验数据或已公开发布的研究成果自行取得。[1]《数据保护实施办法》不同于《与贸易有关的知识产权协定》（*Agreement on Trade – Related Aspects of Intellectual Property Rights*, TRIPS）第39条第3款规定的药品试验数据保护条件，TRIPS第39条第3款规定的保护条件包括：为了获得药品上市而提交，药品“含有新化学实体”，数据“未披露”，以及应“经过巨大的努力产生”。其中，数据应“经过巨大的努力产生”作为条件之一，较之于“未依赖他人的试验数据或已公开发布的研究成果自行取得”要求更高。可见，《数据保护实施办法》给予药品试验数据保护的水平高于TRIPS确立的最低标准。

《药品注册管理办法》则并未专门规定药品数据获得保护的条件，从其药品数据保护条款概括出的保护条件区别于《数据保护实施办法》和TRIPS关于保护条件的规定。相比之下，《数据保护实施办法》规定的条件更为全面，更加严谨（如增加了目的要求，增加了未公开披露的截止时间，并限定了自行取得的条件）。

---

[1] 参见《药品试验数据保护实施办法（暂行）（征求意见稿）》第4条。

（二）保护期限

《数据保护实施办法》不仅延长了《药品注册管理办法》所规定的药品数据的保护期限，而且由于保护对象范围的拓宽，保护期限的类型更加全面。例如，对创新药、创新治疗用生物制品、罕见病治疗药品、儿童专用药分别规定相应的试验数据保护期限，如表2-2所示。

表2-2　药品试验数据保护期限汇总

序号	药品的类型	试验数据保护期限
1	创新药	6年
2	创新治疗用生物制品	12年
3	罕见病治疗药品	6年
4	儿童专用药	6年

此外，为了加快我国药物创新的国际化进程，以及鼓励创新药品在中国申请上市，《数据保护实施办法》第2款规定：对于利用在中国开展的国际多中心临床试验数据在中国申请上市的创新药的试验数据给予保护，保护期限因在中国申请上市时间的不同存在差异。在中国申请上市时间晚于在其他国家/地区申请上市的（不晚于6年），酌情给予1年至5年数据保护期，晚于6年的不再给予数据保护期。[1] 同时，基于与拟建立的“接受境外临床试验数据”制度[2]相衔接的需要，《数据保护实施办法》规定，对使用境外数据但无中国患者临床试验数据申请新药上市的，给予上述计

[1] 参见《药品试验数据保护实施办法（暂行）（征求意见稿）》第5条。

[2] 参见《接受境外临床试验数据的技术要求（征求意见稿）》第2条：“鼓励开展全球同步研发，全球同步研发的临床试验数据，符合我国临床试验数据注册管理要求的，均可用于我国药品注册申请。”

算方法1/4时间的数据保护期。《药品注册管理办法》中则没有上述规定。

总之,《数据保护实施办法》中有关药品数据保护期的规定更加全面和完善。我国对于创新治疗用生物制品试验数据的保护期限与美国相同，相比欧盟、日本和加拿大的保护期限更长，如表2-3所示。尽管《数据保护实施办法》规定的保护对象包含了获得上市许可的专利挑战成功的药品，但并未规定此类药品的数据保护期限，亦未界定此类药品的概念和范围。

表2-3　部分国家/地区药品数据保护期限汇总[1]

国家/地区	化学药品数据保护期限	生物药品数据保护期限
澳大利亚	5年	5年
加拿大	8年	8年
日本	8年	8年
新加坡	5年	5年
美国	5年	12年
欧盟	10年	10年

（三）数据保护权利人的权利保护

依据《数据保护实施办法》的规定，数据保护权利人享有知情权和提出异议的权利，即在试验数据保护期内，如有符合条件的申请人提出同品种药品注册申请的，则国家药品监督管理部门的药品审评机构受理上述申请之日起30天内应通知数据保护权利人，数据保护权利人可以自收到通知之日起30天内向国家药品监

[1] 张磊，夏玮．TPP生物药品数据保护条款研究［J］．知识产权，2016（5）：119.

督管理部门指定的机构提出异议。[1]

经确认不符合药品试验数据保护资格的，国家药品监督管理部门应及时通过公告的方式进行更正，并对《中国上市药品目录集》中的有关信息进行调整。相关主体（申请人、试验数据保护权利人）对药品试验数据保护决定不服的，可以依法提起行政复议或行政诉讼。[2] 而《药品注册管理办法》中没有相关规定。

一言以蔽之，《数据保护实施办法》对于数据保护权利人的权益保障更加充分。

（四）数据保护权利人的权利限制

基于公共利益维护和职责履行的需要，并防止数据保护权利人滥用权利，《数据保护实施办法》规定了对于数据保护权利人权利限制的情形。

首先，国家药品监督管理部门能够在法定情形下主动披露受保护的相关试验数据。具体情形包括以下 3 种：①公共利益需要；②已采取措施确保该类数据不会被不正当地进行商业利用；③药品审评审批机构依法公开审评信息的。[3] 需要注意的是，《数据保护实施办法》以不披露受保护的试验数据为原则，以披露为例外。

其次，数据保护权利人应当披露被保护的数据。《数据保护实施办法》第 17 条第 1 款规定："取得数据保护的权利人应在取得权利之日起主动披露其被保护的数据。"该条款规定了数据保护权利人的法定义务。固然，数据的主动、及时披露便于公众监督，亦能在一定程度上避免重复试验导致的资源浪费。

最后，国家药品监督管理部门有权在特定条件下应申请撤销

[1] 参见《药品试验数据保护实施办法（暂行）（征求意见稿）》第 14 条。
[2] 参见《药品试验数据保护实施办法（暂行）（征求意见稿）》第 15 条、第 16 条。
[3] 参见《药品试验数据保护实施办法（暂行）（征求意见稿）》第 12 条。

数据保护。具体内容是：取得数据保护的药品自批准上市之日起1年内由于自身原因未在市场销售的，利益相关方有权提出撤销保护期的申请，经国家药品监督管理部门核实情况属实的，该数据保护应被撤销。❶ 显然，该规定能够推动药品的及时上市，从而提高药品的可及性。

概言之，药品试验数据保护强化了对于原研药企的保护，能够为医药创新提供激励。与此同时，药品试验数据保护将在一定程度上造成利益失衡。因此，可以通过规定数据保护权利人的权利限制情形，以平衡私人利益和公共利益，平衡原研药企和仿制药企之间的利益，提高药品的可及性。

八、我国的“橙皮书”制度

2017年12月29日，国家食品药品监督管理总局药品审评中心正式发布了我国首部《中国上市药品目录集》，其中收录了131个品种，203个品种规格。《中国上市药品目录集》制定并发布的背景在于随着物质生活水平不断提高，百姓对高质量药品需求无法得到有效满足的问题日益凸显。❷

（一）《中国上市药品目录集》收录的药品范围

《中国上市药品目录集》收录的药品范围包括以下四类：第一类，基于完整规范的安全性和有效性的研究数据获得批准的创新药、改良型新药及进口原研药品；第二类，按化学药品新注册分类批准的仿制药；第三类，通过质量和疗效一致性评价的药品；第四类，经国家药品监督管理部门评估确定具有安全性和有效性

❶ 参见《药品试验数据保护实施办法（暂行）（征求意见稿）》第17条。

❷ 刘云涛. 中国药物创新制度建设迈出坚实一步 首部《中国药品上市目录集》发布［R］. 中国食品药品监管，2018（1）：7.

的其他药品。显然，第四类药品能够增强《中国上市药品目录集》的灵活性和适应性。需要注意的是，对于上述符合收录范围的药品并非自动纳入《中国上市药品目录集》，而是应当先经国家药品监督管理部门的评估认定。

（二）《中国上市药品目录集》收录药品的基本信息

《中国上市药品目录集》收录药品的基本信息包括活性成分、活性成分（英文）、药品名称、药品名称（英文）、商品名、商品名（英文）、剂型、给药途径、规格、参比制剂、标准制剂、治疗等效性评价代码、解剖学治疗学及化学分类系统代码（ATC 代码）、批准文号/注册证号、首次批准日期、上市许可持有人、生产厂商、上市销售状态、收录类别和专利信息等，如表 2－4 和表 2－5 所示。[1]

表 2－4　《中国上市药品目录集》收录药品的基本信息

药品基本信息	
活性成分	对于复方制剂，各活性成分以分号隔开
活性成分（英文）	
药品名称	以批准上市的证明性文件为准
药品名称（英文）	
商品名	如有
商品名（英文）	如有
剂型	以批准上市的证明性文件为准
给药途径	参照附录

[1] 中国上市药品目录集数据库［EB/OL］.［2020－08－22］. http://www.cde.org.cn/hymlj/index.

续表

药品基本信息	
规格	以批准上市的证明性文件为准
参比制剂	是/空
标准制剂	是/空
治疗等效性评价代码	AX/AB/B
ATC 代码	
批准文号/注册证号	国产药品采用批准文号；进口药品采用注册证号
首次批准日期	①基于完整规范的安全性和有效性的研究数据获得批准的日期； ②通过或视为通过质量和疗效一致性评价的首次批准日期
上市许可持有人	以批准上市的证明性文件为准
生产厂商	以批准上市的证明性文件为准
上市销售状态	上市销售中/暂停销售/撤销上市许可（因非安全有效性原因撤市）
收录类别	①创新药； ②改良型新药； ③进口原研药品； ④按化学药品新注册分类批准的仿制药； ⑤通过质量和疗效一致性评价的药品； ⑥其他药品

表 2－5　专利信息的具体形式

专利信息			
批准文号/注册证号	专利号	专利到期日	专利类型

注：该表内容为空，仅作示例。

需要注意的是，《中国上市药品目录集》收载的专利必须经过公示，是指在我国国内已获授权的专利，不包括国外专利和到期专利等。之所以作出上述限制，是为了避免新药申请人仅登记一些能激活专利诉讼的专利，而将核心专利作为证据在司法诉讼中使用，❶ 防止原研药公司滥用药品专利链接制度，不当阻止或延迟仿制药上市。而上市许可持有人负有提供专利相关信息的义务，具体为：按照化学药品注册分类1类、2类和5.1类申报的药品，❷ 上市许可持有人在上市申请受理时未提供专利相关信息的，应在收到药品批准上市文件之日起30日内向药品审评中心提供专利信息。对于已收录在该目录集中的药品，上市许可持有人应在新专利的授权公告发布之日或专利权相关信息确认变更之日起30日内向药品审评中心提供相关信息。应提交专利信息而逾期未提供的，所引发的相关专利纠纷由上市许可持有人负责。❸ 据此，上市许可持有人应当在法定期间内提供专利相关信息，其中，对于已收录在该目录集的药品，上市许可持有人还应在专利权相关信息变更时，在法定期间内向药品审评中心提供有关信息。上市许可持有人提供的专利信息涉及三种类型的专利：化合物专利、产品专利（包括制剂专利和组合物专利）、用途专利（保护药品适应证用途）。其中化合物专利不包括晶型专利。

❶ 刘立春，朱雪忠．美国和加拿大药品专利链接体系要素的选择及其对中国的启示［J］．中国科技论坛，2014（1）：152.

❷ 按照2020年6月29日国家药品监督管理局发布的《化学药品注册分类及申报资料要求》1类、2类和5.1类的药品分别是境内外均未上市的创新药、境内外均未上市的改良型新药、境外上市的原研药品和改良型药品申请在境内上市。

❸ 中国上市药品目录集数据库［EB/OL］．［2020-08-22］．http://www.cde.org.cn/hymlj/index.

（三）《中国上市药品目录集》规定的责任内容

《中国上市药品目录集》分别规定了标准制剂上市许可持有人，以及药品监管机构应当履行的责任。

标准制剂上市许可持有人应承担下述责任：①应保证持续供应标准制剂，不应拒绝向仿制药研发者提供标准制剂，如决定暂停/停止生产或销售，应在一周内通知国家药品监督管理部门；②标准制剂上市许可持有人应提交年度报告，应包含每个年度的质量回顾分析报告以及作为标准制剂销售的信息等。之所以要求标准制剂许可持有人持续供应标准制剂，并就质量等提交年度报告，是因为标准制剂承担“试验对照”的功能，用于体内生物等效性试验的对照。[1] 进言之，标准制剂的供应关系到仿制药的研发和上市，标准制剂的质量关系到仿制药的质量和安全性。

药品监督管理机构应当承担的责任有以下三种：①保证该目录集内容准确和持续更新，保障数据库稳定运行，实现信息的及时公开；②全面了解标准制剂的质量状况，加强标准制剂的质量监控，督促上市许可持有人保证标准制剂质量的持续稳定；③当指定的标准制剂可获得性存在问题，应适时指定新的标准制剂。简言之，药品监督管理机构应就目录集内容的准确性、更新和及时公开，以及标准制剂的质量监控，可获得性的保证承担责任。显而易见，药品监管机构上述责任的履行有助于提高药品的可及性，促进医药创新，鼓励仿制药行业发展。

此外，为便于公众查询以获取相关信息，《中国上市药品目录集》网络版（数据库）也同步上线，由国家药品监督管理局药品

---

[1] 丁锦希，张晓明，高雪，等．《中国上市药品目录集》建设框架下标准制剂研究与建议［J］．广东药科大学学报，2018，34（4）：490.

审评中心负责维护和管理，并实时更新。《中国上市药品目录集》实际上相当于中国的“橙皮书”，但在内容上，其与美国的橙皮书存在较大差异，如表 2－6 所示。

表 2－6　中美上市药品信息公示制度对比❶

国家	美国	中国
公示方式	橙皮书	上市药品目录集
公示内容	已批准药品目录、数据修改情况、药品专利情况、药品数据独占期等	收录类别、剂型、给药途径、规格、参比制剂、上市许可持有人、专利信息等
是否具有法律效力	是	否
更新频率	每月	无规定
信息来源	申请人在递交新药申请（NDA）申请时提交 FDA 3542 表或简略新药申请（ANDA）申请人提交的专利声明	无规定

九、我国药品专利链接制度构建的相关政策

诚然，国家既可以制定法律，也可以发布国家政策。国家政策既可以通过法定的形式合法化，也可以法律化。❷ 而在现代法治国家，承担政策调控任务的法律规范日益普遍，公共政策已经深刻融汇于国家法律体系之中。❸ 政策和法律都是法治社会中不可或

❶ 李蓓．中美药品专利链接制度研究［J］．科技与法律，2018（1）：14.
❷ 张红．论国家政策作为民法法源［J］．中国社会科学，2015（12）：144.
❸ 鲁鹏宇．法政策学初探：以行政法为参照系［J］．法商研究，2012（4）：112.

缺的。[1] 政策和法律的功能具有互补性。除立法外，我国政府部门陆续发布了与药品专利链接制度构建相关的政策文件。从内容看，既包括药品专利链接制度本身的构成，又包括药品专利链接制度构建及运行所需的配套制度。

（一）《关于鼓励药品医疗器械创新 保护创新者权益的相关政策（征求意见稿）》

2017 年 5 月 12 日，国家食品药品监督管理总局公开发布了《关于鼓励药品医疗器械创新保护创新者权益的相关政策（征求意见稿）》。该政策文件提出了建立药品专利链接制度，并初步提出了制度内容。

第一，药品专利声明。药品注册申请人在提交注册申请时，应提交其知道和应当知道的涉及相关权利的声明。第二，专利挑战制度。首先，申请人负有不侵权声明及告知义务。挑战相关药品专利的，申请人需声明不构成对相关药品专利侵权，并及时告知相关药品专利权人（自提出注册申请后 20 天内）。其次，药品专利权人在法定期间内提起诉讼的义务。相关药品专利权人认为侵犯其专利权的，应及时向司法机关提起专利侵权诉讼（在接到申请人告知后 20 天内），并告知药品审评机构。第三，批准等待期。药品审评机构收到司法机关专利侵权立案相关证明文件后，可设置批准等待期（不超过 24 个月）；在此期间，不停止已受理药品的技术审评工作。在批准等待期内，如果双方达成和解或司法机关作出侵权或不侵权生效判决的，那么药品审评机构应当根据双方和解或司法机构相关的生效判决不批准或批准药品上市；

[1] 范文舟．走向政策与法的关系研究之形而下：论政策与法和谐相处的机制建设［J］．西安电子科技大学学报（社会科学版），2009，19（6）：107．

超过批准等待期，司法机关未作出侵权判决的，药品审评机构可以批准药品上市。[1] 基于上述规定，药品专利侵权纠纷的解决得以前置，药品的上市审批与专利侵权纠纷的和解或裁决结果相关联。

不仅如此，该政策文件提出了应当完善或建立的药品专利链接制度的配套制度。具体如下：完善药品试验数据保护制度，落实国家工作人员保密责任，以及建立上市药品目录集。尽管该政策文件初步提出了我国药品专利链接制度的内容，但是制度需要通过立法进行构建，且制度全面与否，完善与否尚需进一步分析和论证。

（二）《关于深化审评审批制度改革 鼓励药品医疗器械创新的意见》

2017 年 10 月 8 日，中共中央办公厅、国务院办公厅印发了《关于深化审评审批制度改革 鼓励药品医疗器械创新的意见》。

该意见提出了建立药品专利链接制度的具体目标。之所以建立药品专利链接制度，是为了保护专利权人合法权益，降低仿制药专利侵权风险，鼓励仿制药发展。可见，药品专利链接制度的目标是多元的。基于此，药品链接制度的构建应以上述目标的实现为导向，且制度内容应当围绕着上述目标展开。该意见进一步提出了药品专利链接制度的内容，包括药品专利说明制度（药品注册申请人应说明涉及的相关专利及权属状态，并及时告知相关药品专利权人）、专利权纠纷解决制度（专利权纠纷解决程序前置，且将纠纷解决的结果与药品的审批相关联）。

---

[1] 国家药品监督管理局医疗器械技术审评中心．总局关于征求《关于鼓励药品医疗器械创新 保护创新者权益的相关政策（征求意见稿）》意见的公告（2017 年第 55 号）[EB/OL]．（2017 - 05 - 12）[2020 - 04 - 05]．https://www.cmde.org.cn/xwdt/zxyw/20170517092900992.html.

除此之外，该意见再次提出了需要建立的配套制度。例如，建立中国上市药品目录集，开展药品专利权期限补偿制度试点，以及完善和落实药品试验数据保护制度。与《关于鼓励药品医疗器械创新 保护创新者权益的相关政策（征求意见稿）》相比，该意见更具确定性和可预见性，且具有约束力。该意见明确要求各地区各部门结合实际认真贯彻落实。就配套制度的内容而言，该意见增加了开展药品专利权期限补偿制度试点的要求。毋庸置疑，药品专利权期限补偿制度能够强化对于药品专利权的保护，进一步激励医药创新。但是，上述制度在构建中不应忽略该意见提出的其他目标，即制度构建中应遵循利益平衡原则，兼顾不同的政策目标。

一言以蔽之，上述政策文件为药品专利链接制度的构建提供了指引，并且能够与相关的法律规定形成互补。

第二节　中国建立药品专利链接制度的背景和原因

一、中国建立药品专利链接制度的背景

我国建立药品专利链接制度的背景多种多样，错综复杂，加入世界贸易组织（WTO）、知识产权强国建设、产权制度完善和社会主要矛盾的转化均属于我国药品专利链接制度构建的背景。

（一）加入 WTO 的前提条件

TRIPS 是《建立世界贸易组织的马拉喀什协定》（以下简称

《世界贸易组织协定》）的 4 个附件之一，即附件 1C。《世界贸易组织协定》及其最后文件于 1995 年 1 月 1 日起生效，包括 TRIPS。TRIPS 自然成为世界贸易组织规则体系的一部分，其与附件 1A（《多边货物贸易协议》）、附件 1B（《服务贸易总协定》）均为主要贸易规则的组成部分，各附件之间是相互独立和并行的。[1] 作为综合性的知识产权国际保护条约，TRIPS 确立了知识产权国际保护的最低标准（其中包括药品的专利保护、药品试验数据的保护等）。尽管如此，TRIPS 显著提高了《保护文学和艺术作品伯尔尼公约》《保护工业产权巴黎公约》等多边条约所确立的知识产权国际保护标准。

作为 WTO 的成员方固然要全面履行 TRIPS 项下的义务。原因在于 TRIPS 属于国际条约，根据"条约必须遵守"原则，以及 1969 年的《维也纳条约法公约》第 26 条[2]之规定，各当事方必须遵守所有对其有效的条约；各当事方必须善意履行条约义务（诚实、公平地履行条约义务）。[3] 条约义务是国际义务的主要来源。条约义务的不履行或部分履行将可能导致国际责任的承担。同时，条约的履行对于条约所载权利义务的实现至关重要。[4] 不仅如此，条约的履行决定着条约目标的实现。TRIPS 是在以美国为首的发达国家的坚持下被纳入了《世界贸易组织协定》的附件当中，以全面提高对于知识产权的国际保护水平，并进一步扩展知识产权保

---

[1] 韩立余．世界贸易组织法［M］．北京：中国人民大学出版社，2014：15.

[2] 参见《维也纳条约法公约》第 26 条："凡有效之条约对其各当事国有拘束力，必须由各该国善意履行。"

[3] 国际公法学编写组．国际公法学［M］．北京：高等教育出版社，2016：368.

[4] 曹胜辉，徐杰．条约监督机制与条约义务的履行［J］．外交学院学报，2000（2）：55.

护的地域范围。为避免成员方通过条约保留❶的方式降低对于知识产权的保护，TRIPS 实质上禁止成员方提出保留。❷ 成员方当然不能对于药品专利保护、药品数据保护等相关条款提出保留。

为了符合 TRIPS 所规定的知识产权保护标准，我国在加入 WTO 之前全面修改了知识产权保护相关的国内法律，其中包括《专利法》(2000 年第二次修正，2001 年 7 月 1 日起施行)。继此之后，我国进一步提高了对药品专利的保护水平，例如，颁行了《药品注册管理办法（试行)》，修改了《专利法》及《专利法实施细则》等，并发布了相关政策。不仅如此，《中国加入 WTO 工作组报告书》第 284 条就药品数据保护作出了具体承诺，即为申请使用新化学成分的药品或农业化学品的销售许可，而按要求提交中国相关主管机关的未披露试验数据或其他数据给予 6 年的保护期。❸ 简言之，我国通过立法的方式践行了加入 WTO 的承诺，初步建立了药品专利链接制度中的药品数据保护机制。

总之，加入 WTO 的是我国完善药品专利保护制度、构建药品专利链接制度的国际背景，也是我国构建药品专利链接制度的原因之一。

（二）知识产权强国建设的必然要求

国务院办公厅于 2016 年 7 月 18 日印发并实施了《国务院关于

---

❶ “条约的保留是指一国或一国际组织在签署、批准、正式确认、接受、核准或加入条约，或一国发出继承条约的通知时所作的单方面声明，不论其措辞或名称如何，该国或该组织意图借此排除或更改条约中某些规定对该国或该组织适用时的法律效果。”国际公法学编写组．国际公法学［M］．北京：高等教育出版社 2016：363.

❷ 参见 TRIPS 第 72 条：“未经其他成员同意，不得对本协定的任何规定提出保留。”

❸ 中国加入工作组报告书［EB/OL］．(2001 – 10 – 01)［2020 – 08 – 20］．http://www.gov.cn/gongbao/content/2002/content_63361.htm.

新形势下加快知识产权强国建设的若干意见》。该意见明确提出“实行严格的知识产权保护”。2020 年 5 月 13 日，国务院知识产权战略实施工作部际联席会议办公室印发了《2020 年深入实施国家知识产权战略加快建设知识产权强国推进计划》。该计划重申了加大知识产权保护力度。据此，知识产权强保护是知识产权强国建设的重中之重。毋庸置疑，知识产权强保护能够为权利人的合法权益提供更充分的保障，为知识产权的有序交易奠定基础，为持续创新提供更大的激励。从本质上讲，知识产权与创新密切相关。在知识产权的激励理论视野下，知识产权法的核心价值就是“激励创新”。[1] 创新无疑能够提升我国的科技发展水平，增强我国的国际竞争力和综合国力。

承前所述，药品专利链接制度通过将药品的上市审批和是否侵犯原研药专利权相关联，将药品专利纠纷解决前置等，进一步强化对于药品专利权的保护，进而为原研药企业提供激励，促进医药创新，推动知识产权强国建设。

（三）产权制度完善的题中之意

2013 年 11 月 12 日，党的十八届三中全会通过了《中共中央关于全面深化改革若干重大问题的决定》。该决定提出，完善产权保护制度。产权是所有制的核心。健全归属清晰、权责明确、保护严格、流转顺畅的现代产权制度。由此可知，完善产权保护制度是全面深化改革的目标之一，其实现的路径为健全现代产权制度。而现代产权制度的要义包括归属清晰、权责明确、保护严格、流转顺畅。其中，保护严格不仅是现代产权制度的特征与要素，

---

[1] 刘淑华. 中国特色知识产权强国理论研究 [J]. 首都师范大学学报（社会科学版），2018（2）：86.

而且是完善产权保护制度的必然要求。

毫无疑问，保护产权，既要保护有形财产权，也要保护无形财产权，特别是体现创新成果的知识产权。[1] 相比于有形财产权，作为无形财产权的知识产权的权利客体，权利内容和权利保护方式均具特殊性。基于此，知识产权权利人无法通过对其“知识”实行“占有”来实现其利益，必须仰仗法律的保障。[2] 专利权的保护当然需要法律的保障，专利权的严格保护更是如此，毋庸赘言。

如前所述，药品专利链接制度的首要目标就是保护专利权人的合法权益。而从实施效果来看，药品专利链接制度确能加强对于药品专利权的保护，有助于健全现代产权制度。

（四）社会主要矛盾转化后的主动调适

习近平总书记在党的十九大报告中提出，中国特色社会主义进入新时代，我国社会主要矛盾已经转化为人民日益增长的美好生活需要和不平衡不充分的发展之间的矛盾。之所以发生转化，是因为经过改革开放40年的发展，在全国人民总体上实现小康后，人民对美好生活的向往更加强烈，而经济社会各领域发展不平衡不充分的问题成为制约人们满足需要的主要因素。[3] 究其根源是生产力和生产关系之间的矛盾。生产力发展的不平衡规律，进一步决定了不同类型的生产关系的并存。[4] 在我国，城乡、区域之间的生产力发展不平衡，存在不同类型的生产关系，社会矛盾的类型多样。

---

[1] 申长雨．全面开启知识产权强国建设新征程［J］．知识产权，2017（10）：13.

[2] 刘春田．知识产权法［M］．5版．北京：中国人民大学出版社，2014：22.

[3] 汪信砚，周可．关于新时代我国社会主要矛盾转化的论断及其重要意义探析［J］．江汉论坛，2018（12）：9.

[4] 白国儒．生产力、生产关系矛盾运动规律新探［J］．经济问题，2015（6）：18.

尽管如此，我国社会主要矛盾属于人民群众内部矛盾的范畴，实质上也是需求和供给的问题。[1] 从该角度审视人民内部矛盾，实际上始终是把满足人民群众日益增长的需求置于最高目标，把社会供给作为满足人民需求的基本方式，把促进生产力科学发展从而不断改善供给质量和效益作为根本途径。[2] 诚然，人民的需求涵盖范围甚广，不仅具有动态性、延展性和提升性，而且具有层次性、差异性和复杂性的特点。[3] 但不可否认的是，药品的获取是最普遍，也是最基本的需求之一。而我国人口众多，且人口老龄化问题突出（国家统计局数据显示，截至2019年末，我国60岁及以上人口约有2.54亿人，占总人口的18.1%），用药需求较大，但我国并非医药强国，部分药品依赖进口（如抗癌类药品）。2013～2019年，进口药品采购量持续攀升。自2016年起，进口药品的采购量一直以每年7%左右的增长率攀升。[4] 如前所述，药品专利链接制度能够促进医药创新、加快仿制药品上市、降低仿制药的侵权风险，进而提高药品的可及性，以满足人民对于药品获取的需求，保障公共健康。

概言之，我国药品专利链接制度的构建符合时代之要、发展之需。我国药品专利链接制度的构建既是加入WTO所需，也是知识产权强国建设的必然要求、产权制度完善的必要内容、社会主要矛盾转化情形下的适应性调整。

---

[1] 元美艳，金伟．新时代我国社会主要矛盾的破局之断［J］．重庆社会科学，2018（9）：48.

[2] 吕普生．论新时代中国社会主要矛盾历史性转化的理论与实践依据［J］．新疆师范大学学报（哲学社会科学版），2018，39（4）：21.

[3] 唐皇凤．社会主要矛盾转化与新时代我国国家治理现代化的战略选择［J］．新疆师范大学学报（哲学社会科学版），2018，39（4）：8.

[4] 张松林，常峰．我国医院进口（合资）药品依赖情况研究：基于2013～2019上半年全国药品采购面板数据［J］．中国医院药学杂志，2020，40（17）：1795.

二、中国建立药品专利链接制度的主要原因

我国建立药品专利链接制度的原因有多种，既有外因，又有内因。外因是履行国际法义务；内因包括强化对于药品专利权的保护、推动仿制药发展，以及提高药品的可及性。

（一）履行国际法义务

国家是国际法的基本主体，在国际法律关系中处于主要地位、起着主要作用。国际法律关系主要是国与国之间的关系。既然作为国际法律关系的主体，国家就享有权利，并应履行相应的义务。当然，权利和义务内容由调整国际法律关系的国际法决定。原因在于国际法本身是具有拘束力的。尽管不同学说对于国际法的效力根据观点不一，莫衷一是，但均认为国际法是有效力的。我国的国际法学者从周鲠生开始，普遍认为国际法的效力根据是“各国意志的协调”。[1] 而国际法规则具有不同的表现形式，其形式渊源多样。

联合国的《国际法院规约》第38条常被认为是对国际法渊源的权威说明。[2]

> 1. 法院对于陈诉各项争端，应依国际法裁判之，裁判时应适用：
>
> （子）不论普通或特别国际协约，确立诉讼当事国明白承认之规条者。
>
> （丑）国际习惯，作为通例之证明而接受为法律者。
>
> （寅）一般法律原则为文明各国所承认者。

---

[1] 国际公法学编写组．国际公法学［M］．北京：高等教育出版社，2016：37－38.

[2] 邵津．国际法［M］．北京：北京大学出版社、高等教育出版社，2001：128.

(卯) 在第五十九条规定之下，司法判例及各国权威最高之公法学家学说，作为确定法律原则之补助资料者。

2. 前项规定不妨碍法院经当事国同意本“公允及善良”原则裁判案件之权。[1]

可见，国际法的渊源包括条约、国际习惯、一般法律原则，以及作为辅助渊源的司法判例和各国权威最高公法学家的学说。需要注意的是，虽然《国际法院规约》第38条规定了国际法院在裁判时对不同渊源的适用次序，但是并不表明效力存在高低之分。

其中，条约是主要的国际法渊源。如前所述，TRIPS 第39条第3款[2]规定了成员方对于药品数据的保护义务，即对于使用新型化学成分制造的药品或农业化学物质产品，如果各成员以提供试验数据或其他数据作为批准销售的条件，就应保护该数据（防止不当的商业利用，并保护数据不被披露）。同时，数据的保护也存在例外情形。具言之，为保护公共利益，抑或已采取措施保证数据不被不当商业利用，药品数据可以被披露。我国作为WTO成员方固然需履行该条款项下的义务。基于此，我国颁行了《药品注册管理办法》对药品数据给予保护，另外，国家药品监督管理局专门制定并公布了《药品试验数据保护实施办法（暂行）（征求意见稿）》。

除此之外，中美双方就知识产权争端、贸易争端通过谈判达

[1] 联合国．国际法院规约［EB/OL］．［2020-08-28］．https://www.un.org/zh/about-us/un-charter/statute-of-the-international-court-of-justice.

[2] 参见TRIPS第39条第3款：“各成员如要求，作为批准销售使用新型化学成分制造的药品或农业化学物质产品的条件，需提交通过巨大努力取得的、未披露的试验数据或其他数据，则应保护该数据，以防止不正当的商业使用。此外，各成员应保护这些数据不被披露，除非属为保护公众所必需，或除非采取措施以保证该数据不被用在不正当的商业使用中。”

成的协定对于药品专利保护作出了规定。其中有涉及药品专利链接制度的内容。该类协定属于双边条约，自然是国际法义务的来源。中美知识产权争端由来已久，肇始于20世纪90年代。为实现贸易保护和利益维护等目的，美国政府多次利用301条款[1]和337条款[2]发起对中国或其他国家的知识产权争端或贸易争端。从实施效果来看，美国凭借其条款先后迫使巴西、韩国、希腊、泰国等许多国家在提高知识产权保护、开放国内市场等领域就范，即使是日本和欧洲共同体，也屡次在美国单方面制裁的要挟下让步。[3]中美第一次主要知识产权争端发生在1989年4月，第五次主要知识产权争端发生在2005年4月29日。[4] 在20世纪90年代，中美两国就知识产权问题共进行了四轮谈判。[5] 1992年1月17日，《中

---

[1] 301条款的前身是美国1962年贸易扩展法第252条，直至美国国会通过了1974年贸易法第301条，301条款正式产生（1974年贸易法第301～310条的全部内容）。301条款有广义和狭义之分。广义的301条款除了一般301条款外，还包括超级301条款和特别301条款。301条款是美国在WTO之前建立的对美国实行不公正贸易行为的国家实行贸易报复的单边主义措施。刘瑛，刘正洋. 301条款在WTO体制外适用的限制：兼论美国单边制裁措施违反国际法［J］. 武大国际法评论，2019（3）：139－140；何力. 美国“301条款”的复活与WTO［J］. 政法论丛，2017（6）：3－4.

[2] 337条款是美国针对进口贸易中的不公平做法进行调查的立法，因最初规定于1930年关税法第337条而得名。此后，经过多次修改和补充，形成了系统的主要管制外国厂商输入侵犯美国知识产权产品的法律规则。目前适用的337条款是指经1994年修订的1988年综合贸易与竞争法第1337条。李巍. 对美国关税法第337条款的剖析［J］. 中国政法大学学报，1997（5）：108.；戴雨山. 论“337条款”对美国知识产权的保护及我国的对策［J］. 政治与法律，2004（6）：92－93.

[3] 郭雳. 美国“301条款”与WTO争端解决机制的互动及其前景预测［J］. 中国法学，2001（5）：147.

[4] 张明，徐立青. 中、美知识产权争端的原因分析［J］. 特区经济，2010（5）：95.

[5] 沈鑫. 从权力导向到规则导向：中美知识产权争端解决机制的演进［J］. 暨南学报（哲学社会科学版），2011（4）：71.

华人民共和国政府与美利坚合众国政府关于保护知识产权的谅解备忘录》第1条之一提出，专利应授予所有化学发明，包括药品和农业化学物质，不论其是产品还是方法。专利授权阻止他人未经专利权人同意，制造、使用或销售专利的客体。方法专利授权阻止他人未经专利权人同意，使用该方法以及使用、销售或进口由该方法直接生产的产品。[1] 简言之，该条要求我国保护药品和农业化学物质专利，并授予专利权人以特定的专有权。而我国1984年通过的《专利法》第25条第5款规定，对于药品和用化学方法获得的物质不授予专利权。另外，该谅解备忘录第2条要求中国政府采取行政措施保护符合条件的美国药品、农业化学物质产品。为此，我国专门制定了《药品行政保护条例》《药品行政保护条例实施细则》《农业化学物质产品行政保护条例》和《农业化学物质产品行政保护条例实施细则》。

时隔18年，经过23个月，13轮、20余次的谈判，美国东部时间2020年1月15日，中美双方在美国华盛顿签署了《中华人民共和国政府和美利坚合众国政府经济贸易协议》，并于2020年2月14日起正式生效。该协议的第一章就是知识产权。第一章的第3节专门就药品相关的知识产权作出了规定，包括考虑补充数据，专利纠纷早期解决的有效机制。其中专利纠纷早期解决的有效机制与药品专利链接制度直接相关，第3节第1.11条规定："一、作为批准包括生物药在内的药品上市的条件，如果中国允许原始提交安全性与有效性信息的人以外的其他人，依靠之前已经获批产品的安全性和有效性的证据或信息，例如在中国或其他国家、地

---

[1] 中华人民共和国政府与美利坚合众国政府关于保护知识产权的谅解备忘录［EB/OL］.（1992-01-17）［2020-08-29］. http://www.law-lib.com/law/law_view.asp?id=77150.

区已获上市批准的证据，中国应：（一）规定制度，以通知专利权人、被许可人或上市许可持有人，上述其他人正在已获批产品或其获批使用方法所适用的专利有效期内寻求上市该产品；（二）规定足够的时间和机会，让该专利权人在被指控侵权的产品上市之前寻求（三）段中提供的救济；以及（三）规定司法或行政程序和快速救济，例如行为保全措施或与之相当的有效的临时措施，以便及时解决关于获批药品或其获批使用方法所适用的专利的有效性或侵权的纠纷。二、中国应在全国范围内建立与上述第一段相符的药品相关制度，包括规定专利权人、被许可人或上市许可持有人有权在被指控侵权的产品获得上市许可前提起诉讼，就可适用专利的有效性或侵权的纠纷解决寻求民事司法程序和快速救济。中国还可提供行政程序解决此类纠纷。”[1] 由此可知，在药品上市审批中，中国还应当建立通知制度，使得特定主体及时知晓其他人正在上市仿制药品，以便于相关权利人维护自身合法权益。不仅如此，中国还应当建立上市许可前的专利确权或侵权纠纷解决机制，并规定有效的救济措施，即将专利纠纷的解决程序前置。承前所述，不论是通知制度，抑或前置的专利纠纷解决机制，均是药品专利链接制度的必备内容。需要注意的是，对我国有效的其他条约中，如有药品专利链接制度的相关条款（我国按照条约规定提出保留的条款除外），当然作为我国药品专利链接制度构建的具体要求。

概言之，我国建立药品专利链接制度的外因即为国际法义务的履行。需要注意的是，外因不起决定作用，我国药品专利链接

[1] 中华人民共和国政府和美利坚合众国政府经济贸易协议［EB/OL］.（2020-01-16）［2020-08-31］. http://www.gov.cn/xinwen/2020-01/16/5469650/files/0637e57d99ea4f968454206af8782dd7.pdf.

制度的构建是基于内因，即强化对药品专利权的保护和提高药品可及性等。

（二）强化对药品专利权的保护

2017 年 10 月 8 日，中共中央办公厅、国务院办公厅印发的《关于深化审评审批制度改革 鼓励药品医疗器械创新的意见》提出，探索建立药品专利链接制度，而建立药品专利链接制度的首要原因就是保护专利权人合法权益。[1] 2018 年 11 月 9 日，国务院知识产权战略实施工作部际联席会议办公室发布的《2018 年深入实施国家知识产权战略 加快建设知识产权强国推进计划》提出，强化知识产权保护，要求完善新药创制等科技重大专项管理工作中的知识产权保护长效工作机制。[2] 从中不难看出，强化对于药品专利权人的保护是鼓励医药创新、建设知识产权强国的必然要求，三者联系密切。专利旨在发挥三种功能：第一，激励创新活动；第二，鼓励研发投入；第三，向公众传播技术知识。[3] 正如美国前总统亚伯拉罕·林肯所言："专利制度是给天才之火浇上利益之油。"设置专利权就是为了激励创新和技术发展，促进发明的迅速公开和转化应用。[4] 进言之，药品专利制度促进了医药行业的创新

[1] 中共中央办公厅　国务院办公厅印发《关于深化审评审批制度 改革鼓励药品医疗器械创新的意见》［EB/OL］.（2017 - 10 - 08）［2020 - 08 - 31］. http://www.gov.cn/xinwen/2017 - 10/08/content_5230105.htm.

[2] 《2018 年深入实施国家知识产权战略 加快建设知识产权强国推进计划》（全文）［EB/OL］.（2018 - 11 - 09）［2020 - 08 - 31］. http://www.gov.cn/xinwen/2018 - 11/09/content_5338779.htm.

[3] ABBOTT F M, COTTIER T, GURRY F. International intellectual property in an integrated world economy (second edition)［M］. New York: Wolters Kluwer Law & Business, 2011: 8.

[4] 高莉. 基于激励创新的专利权优化及其路径选择［J］. 南京社会科学，2015 (12): 146.

和发展，这对于攻克疾病、实现人类的长远健康而言是有益的。❶之所以药品专利保护能促进人类长远健康的实现，因为药品是一种针对性强、替代性差的商品，而人类的疾病谱正在发生不断的变化，只有不断研发新药对抗新的疾病，才能保证人类的生息繁衍。❷另外，从药品的特征来看，药品需求具有弱弹性，并呈现“第三方付费”的特点，消费者更看重药品的疗效和安全性，其需求受价格波动影响较小。与仿制药相比，原研药的疗效与安全性更胜一筹。毫无疑问，专利权的强保护更有利于专利功能的实现，有利于医药创新，有益于公共健康，有利于知识产权强国和创新型国家建设。

从前述分析可知，药品专利链接制度能够加强对于药品专利权的保护，能够更全面地保障原研药企业的权益，为医药创新提供激励，进而推进知识产权强国和创新型国家建设。基于此，强化对药品专利权的保护是建立药品专利链接制度的原因之一。需要注意的是，药品与公共健康直接相关。药品专利的强保护涉及的利益主体众多，关涉的利益类型多样，药品专利的强保护应当遵循利益平衡原则。换言之，药品专利链接制度在构建中应当以利益平衡为原则。

（三）推动仿制药发展

2017年10月8日，中共中央办公厅、国务院办公厅印发了《关于深化审评审批制度改革 鼓励药品医疗器械创新的意见》。该意见提出的建立药品专利链接制度的原因就包括：降低仿制药专

---

❶ 王玫黎，谭畅．挑战与回应：我国药品专利制度的未来：以药品专利与健康权的关系为视角［J］．知识产权，2017（2）：44．

❷ 袁红梅，金泉源．药品知识产权全攻略［M］．北京：中国医药科技出版社，2013：10－11．

利侵权风险，鼓励仿制药发展。另外，2018 年 4 月 3 日，国务院办公厅发布了《关于改革完善仿制药供应保障及使用政策的意见》。该意见提出促进仿制药研发，提升仿制药质量疗效。其中，关于促进仿制药研发，该意见提出的具体要求之一即是建立完善药品领域专利预警机制，降低仿制药企业专利侵权风险。从现实情况来看，我国制药工业是以仿制药为主导的行业，在我国 5000 多家药厂中，约 99% 药厂为仿制药企业。药品在我国也是仿制药占主流，2018 年仿制药在我国药品市场中占比高达 63% 。[❶] 而我国药品市场需求巨大，据统计，2011 ~ 2015 年，中国药品市场规模从 8097 亿元增长至 13354 亿元，年均复合增长率为 13. 32% ，远远高于国内生产总值（GDP）增长率。[❷] 推动仿制药发展关系国计民生，意义重大。概言之，推动仿制药发展是鼓励医药创新、改革和完善仿制药供应保障制度的必然需要。而推动仿制药的发展需要多管齐下，多措并举。

如前所述，药品专利链接制度对于仿制药的发展起着重要的促进作用。药品专利链接制度中的专利信息登记、专利声明、专利挑战和首仿药独占期等能够鼓励仿制药企业进行专利挑战、降低仿制药的专利侵权风险、加快仿制药的上市，进而推动仿制药产业的发展。

（四）提高药品的可及性

周知，药品的可及性与公共健康直接相关。生命健康权是基

---

❶ 观研报告网 . 2020 年中国仿制药行业分析报告：产业竞争格局与未来规划分析 [EB/OL]. [2020 - 08 - 31]. http://baogao. chinabaogao. com/zhongxiyao/486298486298. html.

❷ 中国医学科学院药物研究所，中国医药工业信息中心，中国食品药品检定研究所. 中国仿制药蓝皮书 2016 年版 [M]. 北京：中国协和医科大学出版社，2016：19.

本人权，是享有其他权利的前提。《世界人权宣言》提出："人人有权享受为维持他本人和家属的健康和福利所需的生活水准，包括食物、衣着、住房、医疗和必要的社会服务。"❶ 毋庸置疑，生命健康权具有普遍性。截至 2009 年，135 个国家已将健康权纳入本国宪法。❷ 健康权的重要性可见一斑。而健康权的保障依赖于药物的获取和应用。联合国千年发展目标将药物的可及性作为健康的子目标之一。即目标 8. E "与制药公司合作，在发展中国家提供可负担得起的基本药物。"❸ 显而易见，药品的可及性是保障健康权的必然要求。对于民众而言，人人有权以便利的方式与合理的价格获得药品，以预防、治疗和控制疾病，实现健康权；对于国家而言，通过法律和政策保证药品的可及性，是一国政府确保公共健康、保障民众实现健康权的基本义务。❹

然而，因专利权的保护，药品的可及性受到了不利影响。基于此，私人利益和公共利益，专利权和健康权产生了冲突。通常认为，价值有可衡量和不可衡量者之分，不可衡量的价值比起可衡量的价值具有明显的优越性。❺ 健康权就属于不可衡量的价值，专利权作为无形财产权属于可衡量的价值。质言之，当健康权与专利权相冲突时，健康权优先。为平衡健康权和专利权，解决两

---

❶ 参见《世界人权宣言》第 25 条第 1 款。

❷ 焦海洋. TPP 药品专利保护与药品可获得性问题研究 [J]. 武大国际法评论，2016，19 (2)：174.

❸ World Trade Organization. United Nation Millennium Development Goals [EB/OL]. [2020-09-22]. https://www.wto.org/english/the wto-e/coher_e/mdg_e/mdg_e.htm.

❹ 王玫黎，谭畅. 挑战与回应：我国药品专利制度的未来：以药品专利与健康权的关系为视角 [J]. 知识产权，2017 (2)：43.

❺ 张平华. 权利位阶论：关于权利冲突化解决机制的初步探讨 [J]. 法律科学，2007 (6)：39.

者存在的冲突，2001 年的《TRIPS 与公共健康多哈宣言》承认了各成员采取措施以维护公共健康是不可减损的权利，特别提及了药品的可及性[1]，并且首次确认了公共健康优先于私权，认识到知识产权保护对药品价格的影响，强调了药品获得的重要性。[2] 诚然，药品的销售价格对于药品的可及性有着直接的影响。药品的价格越高，其可及性越低，特别是对购买力有限的患者而言。通过前述分析可知，药品专利链接制度能够推动仿制药品的上市销售，促进药品市场的竞争，降低药品的销售价格，进而提高药品的可及性。从实际情况来看，最早实施药品专利链接制度的美国，专利链接制度促进了原研药与仿制药上市的有效衔接，促进了制药行业的良性发展，大大降低了患者的用药负担，提高了药品的可及性。对 2004 ~ 2014 年上市的仿制药进行统计发现，在仿制药上市的第一年，相应的药品价格降幅达 51% 。[3] 专利链接制度促进了美国的原研药产业和仿制药产业的发展，全球开发的 5000 种新药中，有 3400 种新药来自美国；美国仿制药市场占全球仿制药市场的 45% 。[4]

（五）推动“健康中国”战略的实施

在党的十九大报告中，习近平总书记提出：“实施健康中国战略。人民健康是民族昌盛和国家富强的重要标志。要完善国民健

---

[1] 参见《TRIPS 与公共健康多哈宣言》第 4 条：“我们同意 TRIPS 协议不能够也不应该妨碍各成员采取措施以维护公共健康。因此，在重申对 TRIPS 协议承诺的同时，我们确认该协议能够也应该在解释和执行方面支持 WTO 成员维护公共健康的权利，特别是促进获得药品的权利。”

[2] 焦海洋. TPP 药品专利保护与药品可获得性问题研究 [J]. 武大国际法评论，2016，19 (2)：175.

[3] 国家知识产权局专利局专利审查协作江苏中心. 药品专利链接与专利延长 [M]. 北京：知识产权出版社，2021：19 - 20.

[4] 程永顺，吴莉娟. 探索药品专利链接制度 [M]. 北京：知识产权出版社，2019：33.

康政策，为人民群众提供全方位全周期健康服务。深化医药卫生体制改革，全面建立中国特色基本医疗卫生制度、医疗保障制度和优质高效的医疗卫生服务体系，健全现代医院管理制度。加强基层医疗卫生服务体系和全科医生队伍建设。全面取消以药养医，健全药品供应保障制度。”从中可知，人民健康是健康中国战略的根本目的，人民健康意义重大。健全药品供应保障制度是内在要求之一。

《“健康中国2030”规划纲要》进一步提出：“健康是促进人的全面发展的必然要求，是经济社会发展的基础条件。实现国民健康长寿，是国家富强、民族振兴的重要标志，也是全国各族人民的共同愿望。完善药品供应保障体系。促进医药产业发展。完善政产学研用协同创新体系，推动医药创新和转型升级。加强专利药、中药新药、新型制剂、高端医疗器械等创新能力建设，推动治疗重大疾病的专利到期药物实现仿制上市。”[1] 由此可见，保障药品供应，推动医药创新和特定专利到期药物的仿制上市等是“健康中国”战略实施的必要举措。药品专利链接制度有利于医药创新和仿制药发展，有利于药品的持续稳定供应，进而推动“健康中国”战略的实施。

综上所述，我国构建药品专利链接制度的原因有多种，既有外因，又有内因。相比于外因，内因在我国构建药品专利链接制度中起着决定作用，构建药品专利链接制度是我国政府的科学决策。药品专利链接制度的构建是履行国际法义务的题中之意，是强化药品专利保护的重要举措，是推动仿制药发展的必要方式，是提高药品可及性的必然选择，是“健康中国”战略实施的内在要求。

---

[1] 中共中央 国务院印发“健康中国2030”规划纲要［EB/OL］.（2016-10-25）［2020-08-22］. http://www.gov.cn/gongbao/content/2016/content_5133024.htm.

第三节　中国药品专利链接制度的运行情况

如前所述，我国通过立法、修法逐步建立了药品专利链接制度，但部分法律法规尚未实施，或尽管实施，但其规定尚需进一步完善，或者缺失了部分制度内容，就此而论，我国的药品专利链接制度并未完整地建立。因此，我国药品专利链接制度运行情况的分析只能建立在现有制度的基础之上。

一、药品试验数据的保护情况

为达到加入 WTO 的条件，须满足 TRIPS 确立的知识产权保护的最低标准，其中就包括第 39 条第 3 款规定的药品数据保护义务，对此，我国在《中国加入世界贸易组织工作组报告书》中作出了具体的承诺[1]，并通过制定并实施《药品管理法实施条例》和《药品注册管理办法》将具体承诺转化为国内法。从我国药品数据保护制度实施情况来看，我国仿制药厂商受到的限制较大。例如，已在国外上市销售但尚未在国内申请许可和上市销售的药品也属于新药，仿制药厂商需重新采集该类药品的试验数据。此外，目前新型化学药物在中国医药市场上的占比还不足 10%，绝大多数的仿制药厂商未提出药品数据保护的申请，只能等待已有药物数据保护期满。同时，部分药品数据在采集过程、技术规范等方面

[1] 中国加入工作组报告书［EB/OL］.（2001 - 10 - 01）［2021 - 01 - 28］. http://www.gov.cn/gongbao/content/2002/content_63361.htm

尚不规范，对药品试验数据的质量产生了不利影响。[1]

对于药品试验数据保护制度，我国不断予以完善。2018 年 4 月 25 日，国家药品监督管理局就《药品试验数据保护实施办法（暂行）（征求意见稿）》公开征求意见。征求意见稿明确了受保护数据的范围，并对 5 类药品分别给予 6～12 年的药品试验数据保护期。然而，截至 2020 年，药品试验数据保护制度仍未落地实施。[2] 另外，全国人大代表、人福医药集团股份公司董事长李杰在提交的议案中指出："目前，我国除了《药品试验数据保护实施办法（暂行）（征求意见稿）》外，尚没有相关配套规章制度出台，这导致该制度在实施过程中缺乏具体标准和细则，影响了药品试验数据保护工作的进一步落地。"[3]

二、Bolar 例外条款的适用现状

2008 年，我国第三次修正后的《专利法》第 69 条第 1 款 5 项规定了 Bolar 例外。Bolar 例外产生的根本原因是专利制度在医药产品领域中受到医药产品审批制度的影响而发生了扭曲，导致原有的利益平衡被打破。[4] 其产生的主要原因为了促进仿制药的上市，解决公共健康问题。然而，我国 Bolar 例外条款的适用范围较窄，我国的 Bolar 例外仅限于制造、使用、进口三种行为；美国 Bolar

---

[1] 余翔，李娜．论中国药品数据保护的行政管制与知识产权功能平衡［J］．汕头大学学报（社会科学版），2017，33（4）：10，12.

[2] 张燕．全国人大代表、贝达药业董事长丁列明：激励药品创新，加快药品试验数据保护制度落地实施［J］．中国经济周刊，2020（10）：78－79.

[3] 中国新闻网．全国人大代表李杰：建议完善药品试验数据保护制度［EB/OL］.（2022－03－05）［2022－08－22］. https://baijiahao. baidu. com/s? id = 1726470198162217072&wfr = spider&for = pc.

[4] 胡潇潇．药品专利"Bolar 例外"制度的利益平衡：兼评"Bolar 例外"在美国的创立、发展及其启示［J］．求索，2010（1）：150.

例外条款适用的行为包括制造、使用、许诺销售、销售或进口，适用条件苛刻，司法实践中较难援引其作为抗辩事由。在案件审理中，法官引用该规定作为审理依据，进而作出判决的案件较少。❶ 不仅如此，我国的 Bolar 例外没有对其适用行为、适用对象等作出明确的司法解释，比较模糊、笼统，导致仿制药企业无法准确判断其行为的合法性❷，使得法院在 Bolar 例外条款的适用中缺乏明确的指引，进而对于为提供行政审批所需要的信息，制造、使用专利药品等行为的定性不一。

例如，在石药集团恩必普药业有限公司诉丽珠集团利民制药厂侵犯专利纠纷案中，对于丽珠集团利民制药厂在申报涉案仿制药过程中的制造行为是否构成侵权，北京知识产权法院援引了 Bolar 例外条款，认定："即便丽珠制药厂在申报涉案仿制药过程中制造、使用了涉案专利，其亦为提供行政审批所需要的信息而实施，依照专利法第六十九条之规定，亦不构成侵犯专利权的行为。"❸ 显然，依据 Bolar 例外条款，一审法院认定被告的行为不是侵权行为。虽然北京市高级人民法院维持了一审法院的判决，但关于丽珠集团利民制药厂在申报涉案仿制药过程中的制造行为的定性存在差异。北京市高级人民法院二审认定，"在为生产制造相关药品而向主管机关进行申报的过程中，为获取并向主管机关提交相关信息，通常情况下会涉及产品的制造行为，虽然该行为具有生产经营目的，若其落入相关专利权的保护范围，将构成对该专利权的侵害，但是，专利法第六十九条第五项已经将这种仅为

❶ 陈家宏，杨思佳．我国"Bolar 例外"条款困境与出路分析［J］．中国发明与专利，2018，15（10）：62，66.

❷ 刘晶晶，武志昂．从政府规制理论看"Bolar 例外"［J］．中国药师，2016，19（7）：1384.

❸ 参见北京知识产权法院（2017）京 73 民初 1584 号民事判决书。

提供行政审批所需要的信息而制造专利药品的行为排除在侵害专利权行为的范围之外，属于法定的不视为侵害专利权的行为。”❶据此可知，二审法院认定丽珠集团利民制药厂在申报涉案仿制药过程中的制造行为构成了专利侵权行为，但基于 Bolar 例外条款，丽珠集团利民制药厂的行为可被排除在侵权之外。之所以出现差异，是因为法院对于丽珠集团利民制药厂的行为是否具有生产经营目的的认定不同。质言之，为提供行政审批所需要的信息，制造、使用、进口行为与《专利法》第 11 条规定的侵权行为方式存在竞合，是否具有生产经营目的至为关键。

该案再审中，最高人民法院从行为性质上区分了专利侵权行为和申请注册行为。最高人民法院指出：“首先，专利法第十一条第一款对于‘实施专利’的行为有明确规定，只有进行了该款中规定的行为，才会构成侵害专利权的行为。本案中，利民制药厂向药品评审中心申请注册涉案仿制药，该行为在本质上系请求行政机关给予行政许可的行为。其次，根据专利法第六十九条第五项规定，在向药品评审中心申请注册涉案仿制药过程中，即使利民制药厂实施了制造、使用、进口涉案专利药品等行为，只要其仅是为了提供主管行政机关需要的信息而实施上述行为，该行为也不应被视为侵害涉案专利权的行为。”❷可见，从行为的性质上来看，申请注册行为本身并非侵权行为，但是，在申请注册过程中实施的制造、使用、进口涉案专利药品等行为与专利侵权行为的方式相同，只有在申请人不具备生产经营目的的前提下，其行为才被推定为不是专利侵权行为。然而，是否具有生产经营目的的认定标准不明，举证也存在难度。

---

❶❷ 参见北京市高级人民法院（2018）京民终 474 号民事判决书。

综上，我国 Bolar 例外条款规定的内容需要进一步完善，可通过司法解释的方式具体区分专利侵权行为，以及为提供行政审批所需要的信息，制造、使用、进口专利药品等行为；同时，因多数仿制药注册申请人的目的具有双重性，既包括提供审批目的，又包括生产经营目的。故此种情形下，Bolar 例外条款是否适用，如何适用均需进一步明确。

三、《中国上市药品目录集》的收录情况

国家药品监督管理局药品审评中心自开展《中国上市药品目录集》工作以来，《中国上市药品目录集》共纳入药品 1055 个（按品规计，下同），其中进口原研药品 484 个，通过仿制药质量和疗效一致性评价的药品 336 个，按化学药品新注册分类批准的仿制药 105 个，创新药 21 个，其他药品 109 个。2019 年共收录了 430 个品规，较 2018 年（424 个品规）同比增长 1.42%。[1] 2021 年有 325 个上市许可持有人登记专利信息 1476 条，涉及药品 1090 个；公开专利声明 959 个，其中一类声明 783 个，二类声明 65 个，三类声明 175 个，四类声明 97 个，实现药品注册相关信息公开。[2]

不仅如此，国家药品监督管理局药品审评中心大力开展仿制药一致性评价工作。仿制药一致性评价对确保仿制药的质量和疗效，对仿制药的发展至关重要。其所开展的仿制药一致性评价工

---

[1] 国家药品监督管理局药品审评中心. 2019 年度药品审评报告［EB/OL］.（2020-07-30）［2021-01-28］. http://www.cde.org.cn/main/news/viewInfoCommon/327a9e456913626826bc4cbdfd5354ce.

[2] 国家药品监督管理局药品审评中心. 2021 年度药品审评报告［EB/OL］.（2022-06-01）［2022-07-30］. https://www.cde.org.cn/main/news/viewInfoCommon/f92b7bdf775bbf4c 4dc3a762f343cdc8.

作主要有：规范参比制剂遴选程序，制定并由国家药品监督管理局发布《化学仿制药参比制剂遴选与确定程序》，自开展参比制剂遴选工作以来发布了22批1899个品规（含注射剂参比制剂402个品规），2019年发布了3批748个品规；积极梳理国内特有品种情况，经专家论证和征求意见，在国家药品监督管理局药品审评中心网站发布《国内特有品种评价建议》，指导企业开展评价工作；制定了《已上市化学注射剂一致性评价技术要求》《已上市化学注射剂一致性评价申报资料要求》《化学药品注射剂（特殊注射剂）仿制药质量和疗效一致性评价技术要求》，明确化学仿制药品注射剂一致性评价的整体研究思路和技术要求，以便企业能更好地开展相关研究工作；2019年化学药生物等效性试验备案平台已收集442条信息，仿制药一致性评价生物等效性试验备案平台已收集737条信息。[1]

总之，国家药品监督管理局药品审评中心有效开展了《中国上市药品目录集》，以及仿制药一致性评价相关工作。其中，《中国上市药品目录集》纳入的药品突破1000个，仿制药一致性评价规则更加体系化、明确化。

四、药品专利纠纷早期解决机制的运行情况

2021年10月，国家知识产权局受理首批药品专利纠纷早期解决机制行政裁决案件。截至2022年1月，共收到行政裁决请求59件，已对符合受理条件的39件请求予以立案。首批审结的案件涉及第201210135209.X号、第201510599477.0号和第201010151552.4号

---

[1] 国家药品监督管理局药品审评中心.2019年度药品审评报告［EB/OL］.（2020-07-30）［2021-01-31］. http://www.cde.org.cn/main/news/viewInfoCommon/327a9e456913626826bc4cbdfd5354ce.

发明专利权，药品品种为普渡制药公司的“盐酸羟考酮缓释片”，该公司请求确认宜昌人福药业有限责任公司的仿制药相关技术方案落入上述专利权的保护范围。国家知识产权局成立合议组，对上述案件依法立案，经审理，最终确认仿制药相关技术方案未落入以上专利权的保护范围。上述案件的审理周期是6个月。[1]

2021年10月，北京知识产权法院受理了全国首例“药品专利链接”诉讼案件。该案原告中外制药株式会社诉称，其为上市专利药品“艾地骨化醇软胶囊”的上市许可持有人，也是该药品所涉及的专利号为200580009877.6、名称为“ED－71制剂”的中国发明专利的专利权人。原告发现被告温州海鹤药业有限公司向国家药品监督管理部门申请了名称为“艾地骨化醇软胶囊”的仿制药上市许可申请。中国上市药品专利信息登记平台公示信息显示被告就该仿制药作出了4.2类声明。故原告依照2020年修正的《专利法》第76条的规定向北京知识产权法院提起药品专利链接诉讼，请求法院确认被告申请注册的仿制药“艾地骨化醇软胶囊”落入原告享有的第200580009877.6号发明专利的专利权保护范围。2022年4月15日，北京知识产权法院就该案公开宣判，“涉案仿制药使用的技术方案与涉案专利权利要求1的技术方案既不相同，亦不等同，故该技术方案未落入涉案专利权利要求1的保护范围。鉴于权利要求2～6为权利要求1的从属权利要求，在涉案仿制药的技术方案未落入权利要求1的保护范围的情况下，其亦不落入权利要求2～6的保护范围。据此，原告有关涉案仿制药落入涉

[1] 中国知识产权报，国家知识产权战略网．首批药品专利纠纷早期解决机制行政裁决案件审结［EB/OL］．（2022－05－06）［2022－10－20］．http://www.nipso.cn/onews.asp? id=53524.

案专利权利要求 1～6 的保护范围的主张不能成立，法院不予支持。”❶

综上可知，我国的药品专利纠纷早期解决机制已取得实效，有利于我国药品专利链接制度的实施。相较而言，选择通过行政裁决方式解决专利纠纷的当事人更多。

总体而言，我国药品专利链接相关制度取得了一定成效，但是部分制度不完善或未实施（如药品试验数据保护制度），故应在分析现存问题的前提下，进行相应完善。

第四节　我国药品专利链接制度相关法律规定存在的问题

如前所述，我国药品专利链接制度的部分实体规定缺失或不具体，部分程序规定不完整或缺乏可操作性，均需进一步完善。

一、实体规定存在的问题

（一）药品信息公示制度不完备

2017 年 10 月 8 日，中共中央办公厅、国务院办公厅印发了《关于深化审评审批制度改革 鼓励药品医疗器械创新的意见》，提出“建立上市药品目录集”。随着《中国上市药品目录集》于 2017 年 12 月 29 日正式发布，我国的药品信息公示制度得以建立并实施。

---

❶ 北京知识产权法院．全国首例药品专利链接诉讼案件宣判［EB/OL］．（2022－04－16）［2022－05－08］．https://bjzcfy.bjcourt.gov.cn/article/detail/2022/04/id/6639582.shtml.

《中国上市药品目录集》相当于中国版的“橙皮书”。橙皮书是专利链接制度的基础。原因在于橙皮书既是仿制药公司获取药品专利信息，据此作出专利声明的基础，又是原研药公司提出异议，以及专利纠纷早期解决的基础。然而，相比于美国、加拿大、韩国的药品信息公示制度，我国的药品信息公示制度缺失了部分内容，具体内容如下。

第一，《中国上市药品目录集》未规定不应当登记的专利。美国橙皮书中规定了不应当登记的专利类型。因在橙皮书中存在登记无效或不符合规定专利的情形，美国 FDA 于 2003 年第一次修改相关法规时，明确禁止将产品制备方法专利、活性成分代谢物及其用途专利、中间体专利、包装专利登记在橙皮书中。[1] 显然，该规定能够避免原研药公司滥用药品专利信息登记制度，阻止或者延迟仿制药品上市。例如，在美国帕罗西汀案中，从 1998 年开始，创新药企业开始利用 Hatch – Waxman 法案的漏洞，在橙皮书中登记多项无关专利，借此提出多次诉讼，从而造成多次 30 个月停止期的启动。[2] 又如在美国 *BUSPAR* 案中，专利药企业将与药品关联性弱，且未按照登记方式进行实际使用的代谢物专利登记入橙皮书，即将 365 号专利登记为保护 763 号专利适应证的用途，延迟了仿制药上市。[3] 此外，在实践当中，原研药企业通过药品专利常青化的方式不当延长其垄断期。药品专利常青是一种专利策略，旨在通过对现有产品（多晶型物、盐等）、惰性成分、配方、剂量和组合的活性药物成分的微小变化或新用途进行多次或连续性的专

---

[1] 国家知识产权局专利局专利审查协作江苏中心．药品专利链接与专利延长［M］．北京：知识产权出版社，2021：34.

[2] 曹志明．美国药品专利链接制度存在的问题［J］．中国发明与专利，2017（9）：98.

[3] 王岱申．中国药品专利链接制度研究［D］．上海：华东政法大学，2019.

利申请，来延长原始专利的寿命。[1] 该行为的不利影响包括：一方面延缓了仿制药的进入时间，增加了消费者的医疗成本；另一方面导致市场上新药越来越少，不利于制药产业整体创新能力的发展和对某些疑难杂症药品的研发激励。[2] 因此，《中国上市药品目录集》及其使用指南中增加不应当登记专利类型的规定，有利于防止专利权人登记与专利药品不相关的信息，从而妨碍仿制药厂商获取准确的信息，有利于防止药品专利权人不当地延长专利保护期，有利于避免药品专利权人不当地延阻仿制药品上市。

第二，《中国上市药品目录集》未就登记药品信息错误的更正作出规定。药品专利权人或利害关系人登记的药品信息不可避免地存在错漏，但《中国上市药品目录集》使用指南中并未规定登记药品信息存在错误的更正方式、更正时间等。毫无疑问，错误的登记信息将直接导致仿制药企业获取的药品信息不准确，影响药品专利声明和专利挑战制度的正常运行。

美国则分别规定了专利信息补充和不当登记的救济程序。首先，关于专利信息补充，在美国 FDA 批准新药申请（NDA）后，如果新药申请人想改变剂型、增加新的适应证（含改变用药方式）、改变剂量，或就关于该药品或任何使用方法有任何变更，都应向美国 FDA 提出相关专利信息的补充。其次，关于不当登记的救济，NDA 持有人以外的任何人对于所登记的专利信息的正确性、相关性或有无信息缺失存在争议的，只要通知美国 FDA 不当登记或登记错误的理由，美国 FDA 就会通知 NDA 持有人确认其专利信

---

[1] 魏想，胡晓红．药品专利“常青化”应对模式的中国选择［J］．西北师大学报（社会科学版），2020，57（2）：113.

[2] 李晓秋．“常青”药品专利的司法控制：加拿大“礼来”案评析及其镜鉴［J］．知识产权，2015（10）：130.

息的正确性或登记事项是否有所遗漏，且最终仍需要新药申请持有人自行撤回或修改登记的专利信息。[1]

第三，《中国上市药品目录集》更新的具体时间未予规定。《中国上市药品目录集》及其使用指南均未规定《中国上市药品目录集》收载信息更新的具体时间。《中国上市药品目录集》使用指南提出："目录集将以网络版（数据库）的形式发布，并持续更新和完善"，并规定了药品监督管理机构"保证目录集内容准确和持续更新"。虽然《中国上市药品目录集》及其使用指南明确了持续更新的要求，但是更新的具体时间不确定。相比之下，美国规定了橙皮书登记的信息每月更新一次。从 1997 年开始，橙皮书的电子版在美国 FDA 网站上免费发布，每月公布上个月的补充和修订内容。超过专利期和市场独占期的药品将从橙皮书中删除。[2]

（二）药品专利纠纷早期解决机制不完善

1. 对于首仿药厂商的鼓励政策可能落空

《解决机制实施办法》第 11 条规定了对首仿药厂商的奖励方式，具体是："对首个挑战专利成功且首个获批上市的化学仿制药品，给予市场独占期，国务院药品监督管理部门在该药品获批之日起 12 个月内不再批准同品种仿制药上市，市场独占期不超过被挑战药品的专利权期限。"众所周知，专利无效诉讼的风险较大，所需的成本较高，激励机制不仅能补偿首仿药厂商为此付出的成本，而且能起到激励作用，促进仿制药的上市。

根据上述规定，首个挑战专利成功且首个获批上市的化学仿制药品厂商将获得 12 个月的市场独占期。可是，当专利权人起诉

---

[1] 国家知识产权局专利局专利审查协作江苏中心．药品专利链接与专利延长［M］．北京：知识产权出版社，2021：37，41．

[2] 程永顺，吴莉娟．探索药品专利链接制度［M］．北京：知识产权出版社，2019：24．

首仿者时，将进入9个月的等待期。在等待期内，如果有其他挑战者，且专利权人因各种原因未起诉其他挑战者，将有可能出现其他挑战者的仿制药获批，首仿者尚在等待期的情况。即使首仿者挑战成功，其市场独占期也受到了侵害。[1]

2. 对于药品专利反向支付和解协议缺乏规制

药品专利反向支付和解协议常见于美国制药行业中，是指在药品专利侵权诉讼中，由作为原告的品牌药公司（专利权人）为达到和解目的对作为被告的仿制药公司（被诉侵权人）进行的经济补偿。[2] 之所以专利权人给予仿制药公司以补偿，其目的在于禁止或限制仿制药公司的行为。具体而言，专利权人达成“反向支付和解协议”的目的在于阻止或推迟仿制药上市，从而维持其原研药的市场独占地位。[3] 毫无疑问，此类协议将导致品牌药公司维持其垄断地位，使得药品价格维持在高位，影响患者对于药品的获取，并在一定程度上扰乱了市场竞争秩序。总之，对于药品专利反向支付和解协议的规制十分必要。

（三）药品专利权期限补偿制度缺乏可操作性

美国、欧盟、加拿大、澳大利亚、日本、韩国等均确立了药品专利权期限补偿制度，促进了医药创新和医药产业发展。诚然，药品专利权期限补偿制度的建立极具现实意义。我国于2020年修正的《专利法》第42条第3款规定了新药专利权期限补偿制度。

---

[1] 王则周，王函，唐嘉伟．对《药品专利纠纷早期解决机制实施办法（试行）》的几点提议［EB/OL］．（2020－10－13）［2021－02－16］．https://xw.qq.com/cmsid/20201013 A01GMV00?ADTAG=baidutw.

[2] 刘立春．从 *FTC v. Actavis* 案看美国“反向支付和解协议的反垄断法律适用”的争议［J］．电子知识产权，2019（9）：65.

[3] 邱福恩．药品专利“反向支付和解协议”反垄断规制的国际比较研究［J］．竞争政策研究，2019（6）：75.

其内容是："为补偿新药上市审评审批占用的时间，对在中国获得上市许可的新药相关发明专利，国务院专利行政部门应专利权人的请求给予专利权期限补偿。补偿期限不超过五年，新药批准上市后总有效专利权期限不超过十四年。"

然而，该规定并不具体，缺乏可操作性，无法单独、直接实施。一方面，条款中部分术语的内涵和外延不定。例如，新药、新药相关的内涵，以及发明专利的范围；另一方面，该规定缺少必要内容。例如，专利权期限补偿请求提出的时间、申请材料的类型和内容、审批流程、延长次数和延长期的计算等。

（四）药品试验数据保护制度不健全

2018 年 4 月 25 日，国家药品监督管理局办公室发布了《数据保护实施办法》，规定了我国的药品试验数据保护制度。但是，该制度尚存部分问题。

第一，保护对象不全。依据《数据保护实施办法》第 3 条的规定，保护对象包括创新药、创新治疗用生物制品、罕见病治疗药品、儿童专用药和专利挑战成功的药品。然而，药品试验数据保护的对象不包括改良型新药。[1] 改良型新药也需要完善的临床研究才能获批上市。根据《化学药品注册分类改革工作方案》，除含有已知活性成分的新适应证外，其余的改良型新药都需具有"明显临床优势"，且对改良型新药的审评审批，强调临床价值的要求，其中改良型新药要求比改良前具有明显的临床优势。[2] 在对改

---

[1] 改良型新药是指在已知活性成份的基础上，对其结构、剂型、处方工艺、给药途径、适应证等进行优化，且具有明显临床优势的药品。

[2] 国家药品监督管理局．总局关于发布化学药品注册分类改革工作方案的公告（2016 年第 51 号）[EB/OL]．(2016－03－04)[2021－02－16]．http://www.nmpa.gov.cn/yaopin/ypggtg/ypqtgg/20160309151801706.html.

良型新药不给予数据保护的情况下，改良型新药的仿制药只需要使用其临床试验数据即可申报仿制，明显对研发者不公平。[1]

第二，惩治机制不完善。对通过提供虚假信息、隐瞒真实情况等不当方式获得药品试验数据保护的权利人，《数据保护实施办法》未规定惩罚措施。尽管《药品管理法》不仅规定了药品注册申请人提供真实、充分、可靠数据、资料和样品的义务，而且规定了提供虚假的证明、数据、资料、样品的法律责任，但责任的构成要求主观目的是获得试验许可、药品生产许可、药品经营许可等。[2] 显然，对于主观目的是获得药品试验数据保护的主体，该责任条款并不适用。而药品试验数据用于确定药品的安全性、有效性和质量可控性[3]，数据造假会给公众的健康带来巨大的安全隐患。[4]

第三，与《中国上市药品目录集》的衔接存在问题。根据《数据保护实施办法》第11条第2款和第3款的规定，药品试验数据保护信息由《中国上市药品目录集》收载并公示。药品试验数据保护期届满后，《中国上市药品目录集》中应及时删除相关信息。尽管《中国上市药品目录集》提供了数据保护信息库的链接，

---

[1] 证券日报网．全国人大代表、恒瑞集团董事长孙飘扬：尽快建立药品数据保护并扩大保护对象［EB/OL］．（2020－05－25）［2021－03－22］．http://www.zqrb.cn/finance/lianghui/2020－05－25/A1590390609474.html.

[2] 参见《药品管理法》第123条："提供虚假的证明、数据、资料、样品或者采取其他手段骗取临床试验许可、药品生产许可、药品经营许可、医疗机构制剂许可或者药品注册等许可的，撤销相关许可，十年内不受理其相应申请，并处五十万元以上五百万元以下的罚款；情节严重的，对法定代表人、主要负责人、直接负责的主管人员和其他责任人员，处二万元以上二十万元以下的罚款，十年内禁止从事药品生产经营活动，并可以由公安机关处五日以上十五日以下的拘留。"

[3] 冯洁菡．TRIPS协议下对药品试验数据的保护及限制：以国际法和比较法为视角［J］．武大国际法评论，2010，11（1）：125.

[4] 郑超越．论我国药品试验数据的法律保护［D］．重庆：西南政法大学，2018：44.

但《中国上市药品目录集》及其使用指南并未规定药品监督管理机构删除保护期满的试验数据的责任、时间。

二、程序规定存在的问题

（一）药品专利纠纷早期解决机制

1. 异议期的起算时间不合理

依据《解决机制实施办法》第7条之规定，专利权人或利害关系人对专利声明、声明依据有异议的，可以自仿制药上市许可申请公示之日起45日内，就申请上市药品的相关技术方案是否落入相关专利权保护范围向人民法院提起诉讼或者向国务院专利行政部门申请行政裁决。由此可知，专利权人或利害关系人享有的异议期是45天，异议期的起算时间是自仿制药上市许可申请公示之日。

然而，申请公示之日区别于公示之日，亦不同于专利权人或利害关系人知道仿制药上市许可申请的信息之日。事实上，只有专利权人或利害关系人知道仿制药品上市许可申请中的专利声明和声明依据，才可能提出异议。显然，专利权人或利害关系人不会实时关注国家药品审评机构公示的上述信息，进而可能导致异议提起发生延迟，甚至丧失提出异议的机会。因此，异议期的起算时间应当进行相应调整，同时，为免于专利权人或利害关系人故意以不知道为由作为抗辩，拖延异议程序，可将异议期的起算时间调整为自专利权人、利害关系人知道或应当知道之日起45天。应当知道实际上是一种推定，需要结合客观因素认定专利权人、利害关系人是否知道。

除此之外，部分药品专利权人为实现利益最大化，可能放弃提出异议，选择在仿制药品上市后提起专利侵权之诉，导致药品专利纠纷早期解决机制的目的落空。为此，应当明确规定异议程序作为前置程序，作为仿制药品的上市许可申请人能以此作为专利侵权诉讼中的抗辩事由。

2. 等待期的期间不尽合理

依据《解决机制实施办法》第 8 条之规定，自人民法院或者国务院专利行政部门立案或者受理之日起，国务院药品监督管理部门对化学仿制药上市许可申请设置 9 个月的等待期。众所周知，等待期（又称遏制期）的长短直接影响到仿制药的上市时间，影响到专利纠纷的解决。事实上，不同国家就此规定的时间长短不一。例如，美国规定的遏制期是 30 个月，加拿大规定的遏制期为 24 个月，韩国规定的遏制期为 9 个月。

然而，《解决机制实施办法》规定的 9 个月的等待期并不充分。原因在于，一方面，从我国的现实情况来看，专利侵权诉讼和专利确权诉讼往往相互交织，9 个月的等待期显然过短；另一方面，从我国的司法实践来看，诺华诉豪森案、葛兰素诉安徽贝克案和斯奎布诉正大天晴案所涉及的药品专利侵权案件的审理时长分别为 20 个月、15 个月和 12 个月。[1] 可见，9 个月的等待期过短。不仅如此，《关于鼓励药品医疗器械创新保护创新者权益的相关政策（征求意见稿）》规定，可设置最长不超过 24 个月的批准等待期。显然，两者规定的等待期并不一致，差异较大。诚然，如果人民法院或国务院专利行政部门因等待期过短无法在等待期内作出生效判决或者行政裁决，或出具调解书，就可能导致国家药品审评机构因超过等待期不得不转入行政审批程序。若此，药品专

---

[1] 许波. 从 24 个月的批准等待期看我国药品专利纠纷案件审理［EB/OL］.（2018－12－17）［2021－03－29］. http://oppo.yidianzixun.com/article/0Kr8zpFv?_pf_=detail&appid=oppobrowser&s=oppobrowser.

利链接制度便流于形式。

综上可知，9个月的等待期过短，应予以延长。但需要注意的是，等待期不宜过长，否则便会在一定程度上延迟仿制药的上市。

（二）药品专利权期限补偿制度

我国于2020年修正的《专利法》规定了药品专利权期限补偿条款[1]，为药品专利权期限补偿制度的建立提供了法律依据。但是，该条款规定的内容尚不具体，就部分必要的程序事项缺乏规定。

结合该条款，已规定的程序内容包括：专利权期限补偿请求的主体为在中国获得上市许可的新药相关发明专利的专利权人；专利权期限补偿程序启动的时间为新药在中国获得上市许可后。然而，该条款对下述程序事项未予规定。例如，专利权期限补偿请求提出的具体时间、申请材料的形式和内容、申请流程，延长次数和延长期的计算等。

相比之下，已经建立药品专利权期限补偿制度的美国、日本、欧盟和加拿大等国家和地区在统一法律框架内对药品专利权延长的适用对象、申请流程等实体和程序内容均作出了非常详细的规定，使得相关条款具有相当高的可操作性。[2]

1. 专利权期限补偿请求提出的具体时间不明

《专利法》的药品专利权期限补偿条款并未规定专利权期限补偿请求提出的具体时间，结合该条款之规定，药品专利权期限补

---

[1] 参见《专利法》（2020年修正）第42条第3款："为补偿新药上市审评审批占用的时间，对在中国获得上市许可的新药相关发明专利，国务院专利行政部门应专利权人的请求给予专利权期限补偿。补偿期限不超过五年，新药批准上市后总有效专利权期限不超过十四年。"

[2] 刘立春，漆苏．药品专利权期限补偿研究：兼议《中华人民共和国专利法修正案（草案）》第42条第2款［J］．科技管理研究，2019（23）：174.

偿程序的启动时间是新药在中国获得上市许可后，但专利权人提出请求的时间不明确。显然，请求的提出时间不应为新药在中国获得上市许可后的任何时间。在专利有效期满后，专利权人固然不能提出专利权期限补偿请求。

为此，我国应当规定符合条件的专利权人提出药品专利权期限补偿的具体时间，规定起止时间。

2. 申请流程、申请形式、申请材料的类型和内容不明

通过前述分析可知，药品专利权期限补偿程序的启动需要在中国获得上市许可的新药相关发明专利的专利权人提出申请。但是，《专利法》的药品专利权期限补偿条款并未规定专利权人提出期限补偿申请的流程和形式、申请材料的类型，以及申请中应当填写的内容。

毫无疑问，上述内容对于药品专利权期限补偿制度的启动和运行不可或缺，应通过修正《专利法实施细则》或者由相关部门制定部门规章，予以明确。

3. 药品专利延长期的计算不明

尽管《专利法》规定了药品专利权期限补偿的最长期限，但就计算方式未作出规定。何时开始计算补偿期限，如何计算补偿期限均不明确。诚然，药品专利权补偿期限的计算对于专利权人和仿制药厂商有着直接的影响。首先，对新药专利权人而言，直接影响其合法垄断相关市场周期的长短；其次，对仿制药企业而言，专利权补偿期限时间越长，其仿制药上市时间会就被推迟。[1]

故此，我国应就专利延长期的计算进行具体规定。而美国、日本、加拿大等已建立药品专利权期限补偿制度的国家，均明确

---

[1] 深弘知识产权. 新《专利法》药品专利权期限补偿制度解读［EB/OL］.（2020-10-23）［2021-03-30］. https://www.sohu.com/a/426809308_120152038.

了药品专利延长期的计算。

综上所述，我国陆续制定或颁行了药品专利链接制度相关的法律法规或政策文件，或者通过修改现行法律规定的方式建立药品专利链接制度，但通过上述分析可知，部分规定缺失或需要进一步完善。因美国、加拿大、韩国等均已建立药品专利链接制度，且实施了较长的时间。故此，我国可在充分比较分析的基础上，借鉴上述国家的药品专利链接制度。

本章小结

我国现行的部分法律法规中规定了药品专利链接的相关条款，但现有的规定缺失了药品专利链接制度的部分必备条款，或尚需进一步完善。

诚然，我国建立药品专利链接制度有其必然性，是时代之需，发展之要。就背景而言，我国建立药品专利链接制度是加入 WTO 的前提条件、知识产权强国建设的必然要求、产权制度完善的题中之义和社会主要矛盾转化后的主动调适。就主要原因而言，我国建立药品专利链接制度是履行国际法义务、强化对药品专利权的保护、推动仿制药发展、提高药品的可及性和推动“健康中国”战略实施的内在要求。

为建立药品专利链接制度，我国相关部门制定了与药品专利链接制度相关的部门规章，或发布了相关的政策文件，或部分修改了现行的相关法律法规。但相关规定仍然存在不足之处，包括实体制度存在的问题和程序制度存在的问题，均需进行相应完善。

CHAPTER 03 >> 第三章

境外药品专利链接制度的现状及启示

美国最先建立了药品专利链接制度，加拿大、澳大利亚、韩国等相继建立了药品专利链接制度，上述国家的药品专利链接制度不尽相同。

第一节 美国的药品专利链接制度

1984 年生效的 Hatch – Waxman 法案建立了药品专利链接制度。美国药品专利链接主要包括橙皮书制度、仿制药申请与专利声明、仿制药审批中止期，以及首仿药市场独占期。

一、美国的拟制侵权制度

拟制侵权制度构成了美国药品专利链接制度的基础。依据该制度，特定的药品或生物制品的申请行为构成侵权，进而为专利权人或利害关系人向仿制药注册申请人提起侵权之诉提供了法律依据。

具体规定在美国专利法第271（e）（2）条。其内容是："（A）根据美国联邦食品、药品和化妆品法案第505（j）条和第505（b）（2）条之规定，就受专利保护的药品或使用方法提出申请；（B）根据美国联邦食品、药品和化妆品法案第360b（512）条或1913年3月4日法案（美国法典第21编第151～158条），就不是主要使用脱氧核糖核酸（DNA）或核糖核酸（RNA）重组技术制造，或位点特异重组技术制造，且受专利保护或其使用方法受专利保护的药品或兽用生物制品提出申请；（C）（ⅰ）如果相关专利是公共卫生服务法第351（1）（3）条（包括该法第351（1）（7）条）所述专利清单中的专利，提交请求批准该生物制品的申请，或（ⅱ）如果申请人未按照该法案第351（1）（2）（A）条的要求提供申请和信息，提交请求批准该生物制品专利的申请，而根据该法第351（1）（3）（A）（ⅰ）条已确认存在该生物制品专利。如果上述申请的目的是在该专利保护期满之前获得批准，以从事商业制造、使用或销售该药品、售用生物制品、生物制品，那么该申请行为应当构成侵权。"[1]

一言以蔽之，基于拟制侵权制度，专利权人和仿制药企业专利纠纷解决的时间提前了，能够避免专利权人因仿制药的提前上市而遭受较大损失。当然，拟制侵权不同于传统侵权，其不要求损害的发生；拟制侵权也不同于Bolar例外等豁免侵权行为和限缩专利保护范围的例外规定，拟制侵权增添新的专利侵权行为[2]。申言之，拟制侵权制度将在一定程度上引起利益失衡。

---

[1] 35 U. S. C. §271.

[2] 郑淑凤. 专利链接中拟制侵权的理论基础与实施问题［J］. 电子知识产权，2019（12）：85.

二、橙皮书制度

橙皮书制度又称药品专利信息公示制度，橙皮书就是信息公开的载体。橙皮书是指《经过治疗等效性评价批准的药品》(*Approved drug products with therapeutic equivalence evaluation*) 一书，因其封面为橙色而得名。橙皮书制度据已建立的法律规定是美国法典第 21 编第 355 条，该条规定，除非依据该条（b）或（j）项提出的药品注册申请获得批准，否则任何人均不应上市销售或流通新药。在提交 NDA 时，申请人除提交药品信息外（包括药品使用中的安全型和有效性，药品的所有成分，药品生产、加工和包装的设施、方法，根据要求提供药物的样品，以及药品所使用的标签样品），应在注册申请中一并提交该申请药品相关专利的信息（例如专利号和专利权的法定期限终止时间），[1] 包括药品活性成分的专利、产品专利，药品使用方法的专利。由此可见，美国建立了强制性的新药注册申请制度，并具体规定了申请的流程和要求。而新药注册申请是美国 FDA 进行技术评审和行政评审的前提，是初始程序。

新药注册申请获得批准后，美国 FDA 将上述信息公布于橙皮书中。橙皮书除登记专利信息外，还登记下述信息：经批准上市的药品及批件持有人；该药品的活性成分、给药形式及其剂量等；药品的市场独占期限。[2] 橙皮书具有法律效力，是仿制药企业提出简略新药申请（ANDA）的重要依据。[3] 之所以称之为 ANDA，是

---

[1] 21 U. S. C. § 355.

[2] 程永顺，吴莉娟．探索药品专利链接制度［M］．北京：知识产权出版社，2019：24.

[3] 李蓓．中美药品专利链接制度研究［J］．科技与法律，2018（1）：12.

因为仿制药企业只要证明仿制药与 NDA 批准的药品相同（活性成分、给药途径、剂型、规格和标签均相同），并且具有生物等效性（仿制药品和登记药品活性成分吸收的比例和程度不存在明显差异），即可获得批准❶，无需提供药品的临床试验数据。

诚然，登记专利能够帮助美国 FDA 快速便捷地评估仿制药企业提出 ANDA 时相关创新药的专利状态。❷ 对于仿制药企业而言，橙皮书制度能够避免其盲目投入和研发，能够预防其专利侵权或者降低专利侵权的风险，是实现 ANDA 的重要环节。概言之，橙皮书是专利链接制度的基础，实现了原研药和仿制药的链接。自 1980 年发布第一版以来，橙皮书每年均会出版一次，截至 2021 年，橙皮书已公开出版第 41 版。❸

此外，为便利仿制药企业，以及其他利害关系人查询橙皮书中的信息，美国 FDA 专门建立了网页版的橙皮书，如图 3－1 所示，并提供手机应用程序下载。网页版和手机应用程序版每日均会更新仿制药批准信息和专利信息，每月则会更新新药批准、市场独占期、申请人变更、活性成分、停售药品等信息。❹ 通过网页版的橙皮书，仿制药企业或其他主体均可以查询已获批的药品信息，以及专利信息。

---

❶ WEISWASSER E S，DANZIS S D. The Hatch－Waxman Act：History，Structure，and Legacy［J］. Antitrust Law Journal，2003（71）：594.

❷ 杜澄杰. 论药品专利链接制度在我国的推行与完善：基于美国实践的视角［J］. 西南知识产权评论，2020（9）：106.

❸ Approved Drug Products With Therapeutic Equivalence Evaluations 41st Edition［EB/OL］.［2020－07－28］. https://www.fda.gov/media/71474/download.

❹ 国家知识产权局专利局专利审查协作江苏中心. 药品专利链接与专利延长［M］. 北京：知识产权出版社，2021：27.

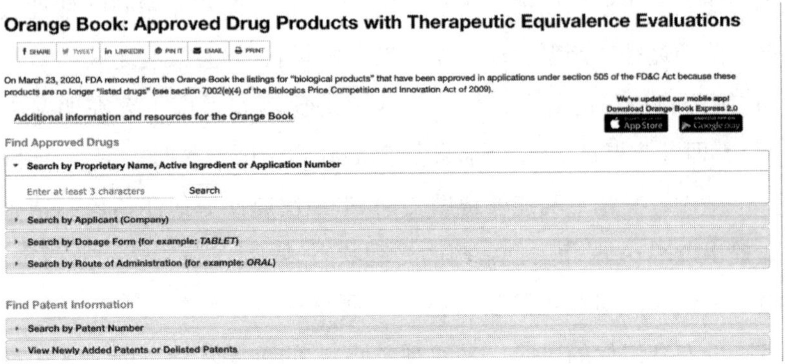

图 3－1　美国 FDA 橙皮书网页示意

三、仿制药申请与专利声明

在仿制药批准上市之前，橙皮书中登记的信息为专利权的保护和实施提供了基础。因此，依据 Hatch－Waxman 法案，针对橙皮书中列出的原研药专利，仿制药申请人应当按法定要求提出以下四种声明之一，即第Ⅰ～Ⅳ段声明。

第Ⅰ段声明，橙皮书中登记的药品专利不存在；

第Ⅱ段声明，橙皮书中的相关专利已到期；

第Ⅲ段声明，仿制药企业在相关专利保护期满之前，不寻求仿制药上市；

第Ⅳ段声明，相关专利无效或者简略新药申请人制造、使用或销售仿制药的行为不构成侵权。[1]

一般而言，前三段声明均比较简单，且不会产生较大争议。如果橙皮书中登记的相关专利保护期满，或仿制药企业计划在相关专利保护期满后上市销售仿制药，就不会产生专利纠纷。相反，

---

[1] 21 U. S. C. §355（j）（2）（A）（vii）.

第四类声明将引起原研药企业和仿制药企业之间的专利纠纷。当ANDA包括第Ⅳ段声明时，申请人应当按要求通知新药申请人和专利持有人，通知应包括ANDA的申请人主张专利无效或不侵权事实及法律依据的详细说明。[1] 而通知是启动专利纠纷解决程序的必经阶段。就通知的时间来说，因声明提出的时间不同，起算时间存在差异，但通知时间的总长均为20天。如果声明是与申请一并提出的，那么申请人应自秘书处通知受理之日起（以通知书上的邮戳日期为准）20天之内通知；如果声明是对申请的修改或补充，那么申请人应自提交修改或补充之日起20天内通知。[2] 被通知人包括，声明所涉专利的专利权人，以及受专利保护药品的上市许可持有人。与我国《解决机制实施办法》中的相关规定有所不同，《解决机制实施办法》未规定仿制药申请人的通知时间，另外，由仿制药申请人通知的主体仅为上市许可持有人。如果上市许可持有人不是专利权人，就由上市许可持有人通知专利权人（通知的时间不明，且缺乏约束）。实践中可能出现的问题是，第一，仿制药申请人延迟通知上市许可持有人，从而延误专利异议程序及后续程序；第二，上市许可持有人不通知或怠于通知专利权人，专利权人的权益可能受损。

四、仿制药审批遏制期

根据Hatch－Waxman法案之规定，在获知已提出的仿制药申请包含第Ⅳ段声明的45天内，专利权人或新药上市许可持有人应当提起仿制药专利侵权之诉。如果未在上述时间内提起诉讼，那

---

[1] WEISWASSER E S，DANZIS S D. The Hatch－Waxman Act：History，Structure，and Legacy［J］. Antitrust Law Journal，2003（71）：600.

[2] 21 U. S. C. §355（j）（2）（B）（ii）.

么在满足其他法定条件的前提下，仿制药申请将获得批准。然而，需要注意的是，专利权人或新药上市许可持有人并未丧失依据美国专利法提起侵权之诉的权利，尽管上述主体未在45天之内提起诉讼。原因在于专利权依然有效，固然能够得到美国专利法的保护。与之相对应，如果专利权人或新药上市许可持有人在45天之内提起诉讼，那么美国FDA必须自动停止仿制药的审批。而停止的期间为自收到仿制药申请人关于第Ⅳ段声明的通知起30个月（该期间是根据仿制药上市之前，专利侵权纠纷解决所需时间确定）。

当然，若在遏制期满之前存在下述情形之一，则美国FDA批准仿制药上市的时间便有所不同。第一，如果在遏制期内美国联邦地区法院判定专利无效或者不构成侵权，那么美国FDA应在法院判决作出之日批准仿制药上市；第二，如果在遏制期内美国联邦地区法院判定仿制药申请人的行为构成侵权，且被告提起上诉的，那么美国FDA应在美国联邦上诉法院专利无效或不构成侵权的判决作出之日批准仿制药上市；第三，如果在遏制期内美国联邦地区法院判定仿制药申请人的行为构成侵权，且被告未提起上诉或上诉法院维持一审法院判决的，那么美国FDA应在美国联邦地区法院根据美国专利法第271（e）（4）（A）条作出的令状所确定的日期批准仿制药上市。[1] 依美国专利法第271（e）（4）（A）条之规定，美国联邦地区法院令状中确定的日期不得早于被判侵权专利的到期日。[2] 换言之，当美国联邦地区法院判定仿制药申请人侵权，且被告未上诉或者上诉法院维持一审法院判决的，美国FDA应在专利期满后批准仿制药上市。

---

[1] 21 U. S. C. § 355（j）（5）（B）（ⅲ）（Ⅰ）（Ⅱ）.

[2] 35 USCS § 271（e）（4）（A）.

诚然，实践中，原研药企业可能在仿制药企业提出申请后获得专利授权。针对该种情形，按照此前的法律规定，原研药企业可自获得专利授权的30天内提交专利信息，仿制药申请人应就后登记的专利信息提出声明。如果仿制药申请人提交的是第Ⅳ段声明，仿制药申请人应通知新药上市许可持有人和专利权人，由此将触发新的遏制期。而原研药企业为延迟仿制药上市，维持市场垄断地位，多采取专利常青❶策略，以不断地登记专利信息，不断地启动遏制期。例如，抗抑郁药品帕罗西汀，仿制药厂Apotex提交ANDA后，原研药企业葛兰素史克先后在橙皮书上登记了9项专利，提起了5次专利诉讼，遏制期累计长达65个月。❷ 显然，上述做法将产生以下不利影响：一方面，延缓了仿制药的进入时间，增加了消费者的医疗成本；另一方面，导致市场上新药越来越少，不利于制药产业整体创新能力的发展和对某些疑难杂症药品的研发激励。❸ 有鉴于此，美国国会于2003年通过的医疗保险处方药、改良和现代化法案（*Medicare Prescription Drug Improvement and Modernization Act*）规定，对每一项ANDA或505（b）（2）申请，只允许1次为期30个月的遏制期。❹ 毫无疑问，该规定能够防止遏制期的滥用，避免原研药企业不当地维持市场垄断地位。

---

❶ 魏想，胡晓红．药品专利“常青化”应对模式的中国选择［J］．西北师大学报（社会科学版），2020，57（2）：113.

❷ 药品橙皮书专利挑战概述（上）：时间节点［EB/OL］．（2021－03－05）［2021－05－05］．https://www.sohu.com/a/454110627_647754.

❸ 李晓秋．“常青”药品专利的司法控制：加拿大“礼来”案评析及其镜鉴［J］．知识产权，2015（10）：130.

❹ 68 Fed. Reg. at 36，677.

五、首仿药市场独占期

为了激励仿制药企业挑战橙皮书中专利的有效性或主张不侵犯专利权，Hatch - Waxman 法案规定，第一个提交含有第Ⅳ段声明的 ANDA 申请，并且专利挑战成功的仿制药申请人将享有 180 天的市场独占期。在独占期内，美国 FDA 不批准对该种药品的任何其他 ANDA 申请。❶ 180 天的独占期将由仿制药开始商业上市，或者法院作出的专利无效或不侵权的生效判决所触发。在独占期内，首仿药企业合法地垄断市场，能够获取较高收益，以抵偿专利诉讼费用和其他成本，并赚取部分利润。同时，为避免药品上市迟延，法院对触发市场独占期的商业上市，或法院判决作出了广义解释。例如，当仿制药申请人不只 1 个时，任何关于相关专利无效或者不侵权的判决均能触发第一个申请人的市场独占期，即使判决是在后申请人所获得的，而非第一个申请人。此外，法院关于专利无效或者不侵权判决的形式有多种，包括终审判决、简易判决或部分简易判决，或者因诉由不成立而驳回起诉的裁定。❷

在实践中，存在首个申请人有多个的情形。例如，仿制药申请人就在先的专利药品提出了第Ⅳ段声明，此后，该原研药企业又登记了一个专利，而另一个仿制药申请人第一个就在后授权的专利提出了第Ⅳ段声明。此种情形下就存在两个第一申请人。每一个申请人似乎都应享有市场独占期。为解决上述问题，美国 FDA 采用了不同方法。第一种方式是区分不同专利，即每个首仿药申请人均能获得单独的市场独占期。第二种方式只有第一个提

❶ 21 U. S. C. § 355 (j) (5) (B) (iv).

❷ WEISWASSER E S, DANZIS S D. The Hatch - Waxman Act: History, Structure, and Legacy [J]. Antitrust Law Journal, 2003 (71): 603, 604.

出第Ⅳ段声明的申请人，才能享有市场独占期。2001 年，美国 FDA 确立了第三种方式，即由不同的第一申请人共享市场独占期，在此期间内，每一个第一申请人均有权上市其仿制药品，而美国 FDA 不再批准任何其他 ANDA 申请人就该药品的申请。2003 年 7 月，美国 FDA 通过授予葛兰素史克帕罗西汀仿制药的数个第一申请人以共享的市场独占期，认可了该种方式。共享的市场独占期可以通过任何一个第一申请人首先提出的商业上市或者获得的有利的法院判决所触发。❶ 该市场独占期连续计算，不因任何事由中止或中断。

值得注意的是，市场独占期并非绝对，如果存在下述情形之一，将导致市场独占期的丧失。第一，第一申请人在获得批准之日起 75 天内或者自第一申请人提出申请之日起 30 个月内未将该仿制药投放市场。第二，撤销申请，第一申请人撤销申请或者秘书处认定因申请不符合第（4）条规定的条件，应当撤销。第三，修改声明，第一申请人就其曾提交声明，且能获得独占期指向的所有专利修改或撤销声明。第四，没有获得临时批准，自提交申请之日起的 30 个月内，申请人没有获得对其申请的临时批准，除非自申请提出后，未予临时批准的原因是申请的批准条件发生了变化。第五，与另一个申请人、登记专利药品的上市许可持有人或专利权人达成协议。第一申请人与另一个申请人、登记药品的上市许可持有人，或作为第Ⅳ段声明对象的专利权人达成协议。美国联邦贸易委员会（Federal Trade Commission，FTC）或美国司法部长提起了控诉，美国联邦贸易委员会或法院就控诉作出了最终决定，协议本身违反了美国的反垄断法，即克莱顿反托拉斯法第 1

---

❶ WEISWASSER E S，DANZIS S D. The Hatch - Waxman Act：History，Structure，and Legacy［J］. Antitrust Law Journal，2003（71）：604.

节或构成不公平的竞争行为。原因在于，实践中首仿药申请人与专利权人所达成的药品专利反向支付和解协议❶将在一定程度上禁止或者延迟仿制药上市，维持原研药企业的市场垄断地位（通常情况下，协议的主要内容是原研药企业向仿制药企业授予利益，而仿制药企业承诺在独占期内不上市仿制药品，或者根据协议约定的条件仿制药上市受限）。故美国通过修法对该种行为予以规制，即将其作为市场独占期丧失的情形之一。第六，专利保护期满。第一申请人已经提出声明，且能够获得市场独占期指向的所有专利的保护期满。❷

综上所述，美国通过立法规定了市场独占期，以激励仿制药申请人进行专利挑战，促进仿制药上市。同时，为了防止市场独占期被搁置、被滥用，美国2003年修改的Hatch－Waxman法案专门规定了市场独占期丧失的具体情形。

第二节　加拿大的药品专利链接制度

美国为了实现该国利益的最大化，常通过双边或多边条约的形式输出本国的知识产权保护制度，其中就包括药品专利链接制度。《北美自由贸易协定》（*North American Free Trade Agreement*）中就有药品专利链接条款。1993年，为履行《北美自由贸易协定》和TRIPS规定的义务，同时，为支持加拿大制药企业的发展，加拿大制定并实施了专利药品（合规通知）条例［*Patented Medicines*

---

❶ 宋建宝．专利诉讼反向支付和解协议的反垄断审查：美国的规则与实践［J］．知识产权，2014（2）：91.

❷ 21 U.S.C. § 355（j）（5）（D）.

(*Notice of Compliance*) *Regulations*]，从而确立了药品专利链接制度。[1] 药品专利链接制度由加拿大卫生部的专利药品及联络办公室实施。

加拿大1993年生效的专利药品（合规通知）条例取代了加拿大专利法中的药品专利强制许可条款。1993年之前，加拿大的专利保护、药品上市审批均由不同的成文法、不同的政策目标所调整，两者没有任何联系。而专利药品（合规通知）条例将两种制度关联起来。总体上来说，加拿大的药品专利链接制度包括专利信息登记制度、仿制药专利声明制度，以及自动遏制期制度。

一、专利信息登记制度

在加拿大，原研药企业申请新药上市，须提交试验数据，包括临床数据和试验数据。仿制药企业提出的ANDA不是基于原始的试验数据，而是基于与原研药相关的生物等效性。

依据专利药品（合规通知）条例，原研药企业应当登记与其获得批准的药品相关的所有专利信息。[2] 专利信息的登记和管理由加拿大卫生部负责。对于新药申请而言，如果存在以下情形之一，第一个提出新药申请的申请人应当登记专利信息：①专利的权利要求包含药品成分，且该药品成分已通过审批；②专利的权利要求包含药品成分配方，且该配方已通过审批；③专利的权利要求包括剂型，且该剂型已通过审批；④专利的权利要求包括药品成分的使用方法，且该药品成分的使用方法已通过审批（即使申请

---

[1] BOUCHARD R A, HAWKINS R W, CLARK R, et al. Empirical analysis of drug approval - drug patenting linkage for high value pharmaceuticals [J]. Northwestern Journal of Technology and Intellectual Property, 2010 (8): 176 - 177.

[2] Patented Medicines (Notice of Compliance) Regulations SOR/1993 - 133, § 3, 4 (Can).

包含了其他药品成分，药品成分的其他使用方法，或申请的使用方法需要与另一种药品相结合)。

对于NDA的补充申请而言，如果补充申请是有关药品配方、剂型或药品成分使用方法的改变，且符合以下条件时，申请人应当登记专利信息：①就配方的改变来说，专利的权利要求包括药品配方的改变，且已通过审批；②就剂型的改变来说，专利的权利要求包括剂型的改变，且已通过审批；③就药品成分使用方法的改变来说，专利的权利要求包括药品成分使用方法的改变，且已通过审批。[1]

就登记的专利信息而言，应当包括的内容如下：新药或对新药提出的补充申请的确认；药品成分、品牌名称、剂型、药效、给药途径；专利号、在加拿大提出专利申请的日期、专利授权信息、专利有效期满的日期；对于登记的每一个专利，新药的第一申请人或补充申请人作出的相关声明：其为专利权人，依法享有专利的独占许可，就药品专利信息登记获得了药品专利权人的许可。此外，第一申请人应当声明所提交的信息是准确的，且登记的专利均符合专利授权标准。关于信息登记的时间，第一申请人应自提出新药申请或补充申请之后，并于在加拿大提出的专利申请获得授权的30日内（专利授权应在新药申请或补充申请之前），提交专利信息登记表，应包括第（4）项规定的信息。提交专利信息的第一申请人必须保证登记信息是最新的，即第一申请人应当及时更新登记信息。[2]

---

[1] Patented Medicines (Notice of Compliance) Regulations SOR/1993 - 133, § 4 (Can).

[2] Patented Medicines (Notice of Compliance) Regulations SOR/1993 - 133, § 4 (4) (5) (6) (7) (Can).

二、仿制药专利声明制度

根据专利药品（合规通知）条例第5（1）（2.1）条之规定，第二申请人应当提出的专利声明包括以下类型：（a）项，专利权人同意第二申请人申请或补充申请的药品在加拿大制造、加工、使用或销售；（b）项，第二申请人承诺在药品专利有效期满前不上市销售；（c）项，第二申请人提出的下述声明之一，第一，第一申请人依据第4（4）（d）条之规定，提出的声明是虚假的；第二，专利或者补充保护证书[1]是无效的；第三，专利不符合专利授权标准，不应当登记信息；第四，第二申请人制造、加工、使用或销售第一申请人申请或补充申请的药品的行为不构成侵权；第五，专利有效期或补充保护期已满；第六，补充保护不能实施。[2]需要注意的是，专利药品（合规通知）条例未使用仿制药申请人的表述，而是代之以第二申请人。事实上，第二申请人即指仿制药申请人。

作出上述声明的第二申请人应在提出申请后及时通知第一申请人，并应提供相关文件。通知应当包含如下信息：第一，对药品成分、剂型、药效和给药途径的描述；第二，声明的事实和法律依据。第二申请人需要同时提供的文件包括提出申请或补充申请的申请日的证明、列明第二申请人地址的文件、第二申请人提

---

[1] 2017年，加拿大首次引入独特的专利期延长制度（为含有新药用成分或新药用成分组合的，且符合专利保护条件的人用和兽用药品提供最多2年的专利延长期），额外的专利保护期以补充保护证书的形式授予。冯霄婵. 加拿大首次引入药品专利延长制度!：补充保护证书［EB/OL］.（2018－01－08）［2020－10－16］. https://www.sohu.com/a/215278119_803087.

[2] Patented Medicines（Notice of Compliance）Regulations SOR/1993－133，§5（1）（2.1）（Can）.

出申请的申请文件电子版的副本，如果第二申请人主张专利或者补充保护证书是无效的，那么第二申请人应当提供所依据文件的电子复制件。若第一申请人并非专利权人，则第一申请人应自收到仿制药申请人的通知之日的5日内将声明，以及文件的副本提交给专利权人。[1]

三、仿制药审批遏制期制度

获得第二申请人根据专利药品（合规通知）条例第5（3）（a）条所作声明通知的第一申请人或专利权人，有权自第一申请人获得通知之日起的45天之内，向联邦法院对第二申请人提出专利侵权之诉，主张第二申请人制造、加工、销售或使用药品，以及提出申请或补充申请的行为侵犯了通知中列出的药品专利和补充保护证书。可见通过该规定，加拿大也确立了专利拟制侵权制度。如果提起专利侵权之诉的不是专利权人，那么专利权人应当作为诉讼当事人参加诉讼。此项规定是出于保护专利权人权益的需要，当然也有助于查明案件事实。而为了保护商业秘密，提起诉讼的第一申请人或专利权人可以要求第二申请人履行合理的保密义务。保密规则具有约束力，由加拿大联邦法院实施。依据专利药品（合规通知）条例第6（1）条提起诉讼的当事人，应当将诉讼相关文件的副本提交给加拿大卫生部。第一申请人或专利权人在规定的时间提起诉讼，将触发24个月的遏制期。在遏制期内，加拿大卫生部不得批准仿制药申请人的申请。对此，需要注意的是遏制期的期间不是绝对的，只要加拿大联邦法院未依据专利药品（合规通知）条例第6（1）条判定仿制药申请人侵权，且如果

---

[1] Patented Medicines (Notice of Compliance) Regulations SOR/1993 - 133, § 5 (1) (2.1) (c), (3) (3.3) (Can).

加拿大联邦法院发现案件的当事方没有勤勉地履行该法规项下的义务，或者未就尽快解决纠纷进行适当的合作，加拿大联邦法院可以缩短或延长24个月的遏制期。❶ 进言之，上述规定有助于督促第一申请人、专利权人和第二申请人在该法规项下义务的履行，有助于及时解决专利纠纷，避免上述主体怠于行使权利，不全面履行义务。

为保证第一申请人和专利权人的合法权益，加拿大卫生部在下述日期之前，不得向第二申请人发布合规通知，即不得批准仿制药申请人的申请。基于此，专利纠纷解决程序和仿制药审批程序相衔接，专利纠纷解决部门和仿制药审批部门相衔接。具体规定如第7（1）条：（a）所有专利的保护期或者补充保护证书期满之后；（b）第二申请人符合第5（3）（e）条规定之日；（c）第二申请人通知第5（3）（a）条下声明后的第46天；（d）依据第6（1）条之规定提起诉讼之日起的24个月期满后；（e）在当事人依第6（1）条提起的诉讼中，加拿大联邦法院判定第二申请人的行为构成侵权，自所有案涉专利或补充保护证书期满之后；（f），所有补充保护证书期满之后，除非第二申请人的行为不构成侵权。但存在例外情形，即在以下情形中，加拿大卫生部不受上述规定的限制：第一，如果专利权人向加拿大卫生部提交了证据，证明第二申请人制造、加工、使用或销售行为已获得专利权人的许可，那么第7（1）条的规定不适用；第二，如果依据第3（2）（c）～（e）条，第3（2.3）条或第（3）条之规定，登记信息已被删除，那么第7（1）（a）～（d）条的规定不适用；第三，如果在诉讼中加拿大联邦法院认定登记的信息不符合登记要求，那么第7（1）

❶ Patented Medicines（Notice of Compliance）Regulations SOR/1993－133，§6（1），（2），6.03（2），6.13，7（8）（Can）.

(d) 条的规定不适用；第四，如果诉讼请求被驳回或诉讼终止，那么第7 (1) (d) 条的规定不适用。[1]

概言之，加拿大通过单独立法的方式构建了药品专利链接制度，包括专利信息登记制度、专利声明制度和审批遏制期制度。需要注意的是，不同于其他国家和地区，加拿大不是通过与药品审批相关的法律、规章建立药品专利链接制度，而是依据加拿大专利法第55.2 (4) 条之规定制定了专门法。此外，通过上述内容可知，加拿大和美国药品专利链接制度的内容存在相同之处。然而，两者也存在较大差异，例如，加拿大专利药品（合规通知）条例未规定首仿药的市场独占期，审批遏制期的期限也不同等。

第三节 澳大利亚的药品专利链接制度

2004年，美国和澳大利亚达成的自由贸易协定中的知识产权章节第17.10.4条规定了药品专利链接条款[2]。为履行该条约项下的义务，澳大利亚确立了药品专利链接制度。澳大利亚于2004年8月通过美国自由贸易执行法（*US Free Trade Implementation Act*

---

[1] Patented Medicines (Notice of Compliance) Regulations SOR/1993 - 133, § 7 (1), (2), (3), (4), (5) (Can).

[2] 美国和澳大利亚的自由贸易协定第17.10.4条的主要内容是：作为仿制药上市审批的条件，当缔约方允许仿制药企业依赖在先通过审批的药物安全性或有效性相关数据或信息时，(a) 缔约方应当在上市审批中采取如下措施，以防止任何第三人在专利有效期内，未经专利权人的同意或默许：(i) 上市专利药品；(ii) 上市的药品包含已通过审批的用途，而该用途属于专利的保护范围；(b) 如果在下述情形下，缔约国允许任何第三人提出上市审批请求，(i) 申请上市的药品在专利有效期内；(ii) 申请上市的药品包含已通过审批的用途，该用途属于专利权的保护范围，缔约方应当对于专利权人获得上述请求和申请人信息的通知作出规定。

Agreement 2004），并通过修改医疗用品法案（*Therapeutic Goods Act* 1989），引入了药品专利链接制度。

一、澳大利亚药品专利链接制度的主要特点

美国和澳大利亚的自由贸易协定中，知识产权章节有关药品专利链接条款的主要内容是：专利有效期内，未经专利权人同意，不得批准任何第三人的药品上市；专利有效期内，专利权人有权就药品上市申请获得通知。基于该条款项下的义务，澳大利亚引入了药品专利链接制度，但其并未完全照搬美国的制度内容，而是结合该国的国情进行了相应的调整。澳大利亚药品专利链接制度的主要内容包括专利声明、专利诉前声明，以及临时性禁令申请。[1]

诚然，对于大多数药品专利链接制度而言，专利信息登记都非常重要，例如，美国和韩国的自由贸易协定中规定“将专利信息通知审批机构”，但是，美国和澳大利亚的自由贸易协定中未规定该条款。因此，澳大利亚没有专门的药品专利清单，药品专利权人也不必专门登记其专利信息，以期获得药品专利链接制度的保护。换言之，澳大利亚知识产权局授权的所有专利都可以适用该制度。[2]

二、澳大利亚药品专利链接制度的主要内容

澳大利亚构建药品专利链接制度属于简化版的药品专利链接

---

[1] 袁锋．我国移植和构建药品专利链接制度的正当性研究：对现行主流观点之质疑［J］．科技与法律，2019（6）：6.

[2] SHIN H E. Comparative Study on Patent – Approval Linkage System［R/OL］. Foundation for Intellectual Property Institute of Intellectual Property［2021－01－20］. http://www.iip.or.jp.

制度，主要分为三部分。

第一，专利声明制度。当申请人提出的仿制药申请援引了新药安全性和有效性的数据时，申请人应当根据要求就下述内容向审批机构声明。仿制药品将以不侵权的方式进入市场，或申请人已通知专利权人在专利有效期届满前，计划上市仿制药品。由此可知，对于声明仿制药不侵权的申请人来说，通知专利权人并非是强制性的义务。需要注意的是，上述声明或通知是在申请经澳大利亚药品管理局审核后发出，与其他国家常见的在申请后发出声明或通知相反。[1] 这意味着声明和审批之间的时间延误相对较少。

第二，专利诉前声明制度。在澳大利亚，没有仿制药上市审批中止的行政程序（即仿制药审批遏制期制度）。阻止仿制药上市的唯一措施是司法裁决，即由专利权人向法院申请禁令，以阻止仿制药上市或者其他专利侵权行为。相反，在美国、加拿大和韩国，仿制药上市审批的中止均能够通过审批机构的行政程序实现。[2]专利诉前声明制度将在下述条件下适用：（a）依据澳大利亚医疗用品法案第26B（1）条之规定，申请人就医疗用品作出了声明；（b）另一主体（专利权人）根据澳大利亚专利法案（1990）之规定，对第26C（1）（a）条的主体提起专利侵权之诉，专利与医疗用品相关。在诉讼程序开始之前，另一主体即专利权人应当根据第26C（3）条之规定向澳大利亚药品管理局秘书处和第26C（1）（a）条规定的主体作出声明。声明的具体要求如下：基于善意启动专利诉讼程序；胜诉的可能性较大；不会不合理地

---

[1][2] SON K-B，LOPERT R，GLESON D，et al. Moderating the impact of patent linkage on access to medicines：lessons from Variations in South Korea，Australia，Canada，and the United States [J]. Globalization and Health，2018（14）：106.

延迟诉讼程序。而声明必须由另一个主体（专利权人）签署，或其代理人签署，且必须符合秘书处批准的格式。[1] 如果申请人作出了虚假声明，或存在误导信息，或者违反了声明中的责任，第 26C（1）（a）条规定的主体（被申请人）可以向法院申请令状，由另一主体（专利权人）向联邦支付罚金。罚金总额不超过 1000 万澳元。[2]

第三，临时禁令申请制度。临时禁令适用于下述情形，（a）申请人根据第 26B（1）（b）（iii）条之规定通知专利权人；（b）专利权人或独占许可的被许可人以申请人的行为构成侵权为由向法院申请临时禁令，以限制申请人上市医疗用品。申请人应依第 26D（1）条之规定提出书面的临时禁令申请，且先应向联邦或所在州的总检察长提出。联邦的总检察长应当作为诉讼程序的当事人，除非总检察长书面通知法院其不愿作为诉讼当事人。为防止被申请人的合法权益受损，该法案规定了救济措施，即要求申请人提供担保。如果法院依申请人根据第 26D（1）条之规定提出的申请，裁定准许临时禁令，并且存在下述情形之一时，法院应当根据第 26D（5）条之规定作出令状。具体的情形如下：专利权人未经对方当事人同意中止诉讼程序；诉讼被驳回；法院作出如下裁定之一：第一，专利权人没有正当理由；第二，临时禁令的申请属于缠讼，或未合理地提出。针对上述情形，法院应当依据第 26D（5）条之规定作出令状，要求专利权人承担因临时禁令的申请而造成的经济损失，评估并赔偿对被申请人造成的经济损失；赔偿联邦因准许临时禁令产生的成本，或遭受的损失；赔偿州因准许

[1] TGA § 26C（3）.

[2] TGA § 26C（5）（5A）.

临时禁令产生的成本，或遭受的损失。[1]

综上所述，不同于美国、加拿大和韩国，澳大利亚的药品专利链接制度没有规定专利信息登记制度、仿制药审批遏制期制度、首仿药独占期制度，以及拟制侵权制度，且专利声明制度也存在明显差异。质言之，澳大利亚建立的是弱化版的药品专利链接制度。

三、澳大利亚药品专利链接制度存在的主要问题

通过前述分析可知，澳大利亚药品专利链接制度存在以下问题。

第一，缺乏可实施性。尽管澳大利亚建立了药品专利链接制度，但澳大利亚未规定专利声明的具体时间，未规定专利诉前声明的具体时间，未规定临时禁令申请的具体时间；此外，澳大利亚未规定专利信息登记制度。澳大利亚药品专利链接制度的可实施性缺乏。

第二，不利于仿制药产业的发展，妨碍药品的可及性。首先，澳大利亚没有规定专利挑战机制，不仅不当延后仿制药的上市时间，而且导致澳大利亚政府及人民每年需要为潜在无效专利的药品额外花费高达数亿美元；其次，澳大利亚诉讼费用高昂，诉讼时间冗长，且未规定首仿药独占期，缺乏对于仿制药企业进行挑战药品专利无效的激励，继而更加延后仿制药的上市时间，最终亦无法使公众享有仿制药上市后的低价效果。[2]

---

[1] TGA § 26D (1) (2) (3) (4) (5).

[2] 袁锋. 我国移植和构建药品专利链接制度的正当性研究：对现行主流观点之质疑 [J]. 科技与法律，2019 (6)：6.

第四节 日本的药品专利链接制度

较之于美国、加拿大和韩国等，日本只是部分引入了药品专利链接制度。日本的药品专利链接制度于 1994 年引入。最初，该制度只适用于产品专利，并由日本厚生劳动省负责运行该制度。然而，到了 2009 年，该制度的适用范围扩大至使用方法专利。

一、日本药品专利链接制度的主要内容

依据日本专利法第 67 条之规定，新药最长的专利有效期是 20 年加 5 年。因新药的研发和实验需要大量时间，故专利的有效期最多可以延长 5 年。据此，日本建立了药品专利保护期延长制度。

就药品链接制度而言，日本的药品专利链接制度主要由原研药企业的专利信息报告制度，仿制药上市的申请审批制度，以及专利纠纷的事前协商解决机制。

第一，专利信息报告制度。原研药企业就其药品有效成分获得的专利应当按要求进行报告（提交专利信息报告单），向日本厚生劳动省报告。基于报告的专利信息，在原研药专利有效期内，不予批准仿制药的上市申请。质言之，专利信息报告制度是日本药品专利链接制度的基础。

第二，仿制药上市的申请审批制度。对于仿制药申请，仿制药企业应当按要求在再审审查期间[1]结束之后提出申请，审查部门

[1] 日本的新药再审查制度是，生产/销售许可持有人（MAH）在上市后特定时期内，必须对新药进行上市后调查，以便由日本厚生劳动省大臣（MHLW）再审查以再确认新药的有效性和安全性的一种制度。何小萍．日本的医药知识产权保护及“类专利链接制度”［EB/OL］．（2020－10－11）［2021－01－26］．http://www.lima35.com/news/show－34712.html.

主要审查仿制药的有效成分是否受专利保护，以及在批准后仿制药能否快速的生产和投放市场。

第三，专利纠纷的事前协商解决机制。在仿制药的上市审批获批后列入价格清单之前，对可能引起专利纠纷的，仿制药企业应与作为专利权人的新药制造企业按照规定的程序进行协商，以解决潜在的专利纠纷。双方应当向日本厚生劳动省报告协商的结果。❶

二、日本药品专利链接制度存在的主要问题

之所以日本没有引入美国的药品专利链接制度，是因为日本国内不论是原研药企业抑或仿制药企业均认为没有必要引入，且双方的理由具有较强的说服力。其中，原研药企业认为，美国的药品专利链接制度运行成本较高，诉讼可能会被盲目提起。仿制药企业认为，现行的制度对于仿制药上市而言是充分的，因为仿制药企业可以提起专利无效之诉。❷

日本的药品专利链接制度并未建立药品专利纠纷早期解决机制。通过前述分析可知，尽管日本规定了专利纠纷的事前协商解决机制，但其显著区别于专利纠纷早期解决机制（例如，纠纷解决时间不同，日式的专利纠纷早期解决的时间是仿制药已通过审批，且日本未规定专利拟制侵权，专利纠纷的解决不会触发遏制期等）。其中，日本药品专利链接制度存在的最大问题是，公众无

---

❶ SHIN, H E. Comparative Study on Patent – Approval Linkage System [R/OL]. Foundation for Intellectual Property Institute of Intellectual Property [2021 – 01 – 26]. http://www.iip.or.jp,pagexi.

❷ SHIN H E. Comparative Study on Patent – Approval Linkage System [R/OL]. Foundation for Intellectual Property Institute of Intellectual Property [2021 – 01 – 26]. http://www.iip.or.jp,pagexiii.

法获取构成药品专利链接制度基础的专利清单（该清单由日本厚生劳动省管理）。❶ 此外，日本的药品专利链接制度未规定首仿药的市场独占期，对于仿制药企业缺乏发起专利挑战的激励。

综上所述，日本并未建立完整的药品专利链接制度。日本的药品专利链接制度有其特殊性和可行性，但缺少必要的制度内容。

第五节　韩国的药品专利链接制度

2012 年 3 月 15 日，美国和韩国的自由贸易协定生效，自协定生效后，韩国保健福祉部就开始实施第 18.9 条规定的专利信息登记和声明制度，第 18.9 条第 5（a）款规定了声明制度，仿制药申请人应当就提出的仿制药上市审批申请通知新药专利权人；第 5（b）款规定，如果专利权人在收到通知后提出了异议，那么仿制药的审批程序应当停止。为了履行该条款项下的义务，韩国引入了药品专利链接制度。韩国的药品专利链接制度部分借鉴了美国的药品链接制度。

依据 2015 年 3 月 25 日生效的修改后的韩国药事法之规定，韩国的药品专利链接制度包括药品专利信息登记制度、仿制药申请专利声明制度、上市遏制期，以及首仿药市场独占期制度。❷

---

❶ SHIN H E. Comparative Study on Patent – Approval Linkage System [R/OL]. Foundation for Intellectual Property Institute of Intellectual Property [2021-01-26]. http://www.iip.or.jp,pagexiii.

❷ SHIN H E. Comparative Study on Patent – Approval Linkage System [R/OL]. Foundation for Intellectual Property Institute of Intellectual Property [2021-01-26]. http://www.iip.or.jp,page25.

一、药品专利信息登记制度

与美国的药品链接制度相同，韩国的药品专利链接制度也建立在专利信息公示的基础上。公示的基础即为登记的专利信息，登记的信息包括药品的成分、剂型、化合物，以及使用方法。根据韩国药事法第 50 - 2 条之规定，原研药企业应在获得上市批准 30 日内（如专利在药品获批上市后核准，则在专利授权后 30 日内）向韩国食品药品管理局申请将药品专利信息登记在药品专利清单中。同时，药品的专利权须未因保护期满、无效或放弃而丧失。

当申请登记的药品专利满足登记要求时，韩国食品药品管理局将登记药品的名称、专利权人及其他利害关系人、专利号、专利的有效期等信息，并在其网站上公开（https://www. mfds. go. kr/index. do）。专利登记的申请人或药品专利的登记人可以向韩国食品药品管理局申请变更或删除登记的专利信息。如果登记的药品专利不符合规定的标准和目标，韩国公平交易委员会可以变更或删除专利清单中所登记药品的专利信息。即在法定情形下，药品专利信息的变更或删除可以通过申请或者依职权的方式进行。具言之，为避免因登记错误引起不必要的纠纷，已登记的专利信息可以变更或删除。此外，为避免对第三方造成不必要的损失，在变更或者删除登记信息的情形下，应当听取利害关系人的意见。对于变更或删除的专利信息，韩国公平交易委员会应当在其官网主页上予以公开。[1]

---

[1] JEONG S J. Patent - Drug Approval Linkage in Korea under Korea - U. S. FTA - Based on Comparative Study on U. S. Hatch - Waxman Act and Canadian Patented Medicines (Notice of Compliance) Regulations [D]. The Munich Intellectual Property Larv Center, 2013: 38.

二、仿制药申请专利声明制度

韩国药事法实施条例第30条之4规定了仿制药申请人的通知义务。即仿制药申请人应当将下述信息通知已登记药品专利信息的原研药上市许可持有人，以及专利权人。而仿制药申请人应当自仿制药上市申请之日起30天内履行通知义务。通知的内容包括：生物等效性的数据，在已登记的药品专利有效期满前为商业化生产、使用或销售药品所依赖的原研药安全性、有效性的数据；证明已登记药品专利无效，或申请审批的仿制药品不侵犯专利权。[1]

需要注意的是，对于方法专利，通知并非一项法定义务。原因在于上述专利并不属于登记的客体。事实上，任何第三人未经许可使用上述方法均构成专利侵权行为。

三、仿制药上市遏制期

韩国药事法第50条之5和第50条之6规定了上市遏制期。该条款与美国Hatch－Waxman法案规定的30个月的仿制药审批自动遏制期相对应。

当仿制药申请人基于已登记信息药品的安全性和有效性数据提出上市申请时，信息已登记的专利权人（包括专利权人和独占许可的被许可人）有权通过提起诉讼的方式阻止仿制药上市。而专利权人应当另行向韩国食品药品管理局提出阻止仿制药上市的申请。对于诉讼来说，专利权人应当自收到通知之日起的45天之内提起诉讼。

在提起遏制仿制药上市申请之前，信息已登记的专利权人必

---

[1] Enforcement Regulations of Korea Pharmaceutical Affairs Act，Decree No. 162（October 18，2012）.

须①提起专利诉讼；②或者向韩国知识产权审判与上诉委员会提出正向确认专利权范围的请求；[1] ③或者由另一方提出的反向确认专利范围的请求（即请求确认不属于专利的保护范围）。[2] 仿制药上市的遏制期为自专利权人收到专利挑战通知之日起9个月。遏制期在下述情形下将终止，具体包括：已登记专利信息不合法的裁决或决定作出之日；根据韩国药事法第50－5条之规定提出的诉讼或请求因专利权人的撤诉或同意撤诉，或者和解之日；对于依韩国药事法第50－5条提起的诉讼或提出的请求仲裁或调解结束之日；已登记药品上市审批的期限届满之日；已登记信息的专利保护期满；韩国公平交易委员会或者法院作出的专利权人登记的药品违反韩国垄断规制与公平贸易法第3－2（1）条、第19（1）条、第23（1）条，以及第50－7条裁定或决定之日；阻止仿制药上市的申请以欺诈或错误的方式提出被查实之日。[3]

四、首仿药市场独占期

为激励仿制药企业发起专利挑战，同时为避免其他仿制药企业搭已挑战原研药专利成功的仿制药企业的便车（若此，将抑制仿制药企业提起专利侵权诉讼的积极性），韩国也建立了首仿药市场独占期制度。

首个对已登记药品专利发起专利挑战并获得成功，且基于已登

---

[1] 邱福恩．韩国药品专利链接制度介绍及对我国制度的启示［J］．电子知识产权 2019（3）：23.

[2] SHIN H E. Comparative Study on Patent－Approval Linkage System［R/OL］. Foundation for Intellectual Property Institute of Intellectual Property［2022－01－09］. http://www.iip.or.jp，page29.

[3] SHIN H E. Comparative Study on Patent－Approval Linkage System［R/OL］. Foundation for Intellectual Property Institute of Intellectual Property［2022－01－09］. http://www.iip.or.jp，page31.

记专利药品安全性和有效性数据提出仿制药申请的仿制药企业可获得9个月的市场独占期，即自仿制药上市之日起9个月。如果申请的药品是依韩国国民健康保险法第41（1）2条的规定提出，且属于纳入医保体系的药品，那么该市场独占期可以延长2个月（此种情形下，市场独占期共11个月）。只有满足下述条件的仿制药申请人，才能享有市场独占期。第一，第一个挑战药品专利并获得成功的仿制药申请人；第二，如果自在先请求人提出专利挑战的14天内发起专利挑战，并最先获得有利裁决的仿制药申请人。[1] 在该市场独占期内，其他仿制药企业不得上市销售与原研药有效成分相同，且基于已登记专利药品安全性和有效性数据的药品。相比于美国的首仿药独占期制度，韩国对独占期的要求更高，期限也更长。

五、反向支付和解协议的法律规制

因为反向支付和解协议对医药市场竞争有着严重的不利影响，将延阻仿制药品上市。美国和韩国均确立了对于药品专利反向支付和解协议的规制机制。尽管在不同国家反向支付和解协议的数量不同，但相同之处在于药品专利链接制度或者首仿药的市场独占期的存在是反向支付和解的主要成因。

韩国垄断规制与公平贸易法第19条禁止不当地限制市场竞争的行为，特别是与知识产权相关的行为。2010年3月31日，韩国修改了关于不当实施知识产权行为的指南，确立了韩国垄断规制与公平贸易法第19条项下专利滥诉，以及协议非法的标准。其中，在指南的第5章“专利纠纷中的不公平协议”中，韩国公平交易

---

[1] SON K－B，LOPERT R，GLESON D，et al. Moderating the impact of patent linkage on access to medicines：lessons from Variations in South Korea，Australia，Canada，and the United States［J］. Globalization and Health，2018（14）：7.

委员会规定，如果和解协议是在专利无效或专利侵权诉讼中达成，且以维持被无效专利，或者阻止竞争者进入市场为目的，上述行为无疑将损害消费者的福利，那么此类协议即为非法。❶ 另外，韩国药事法规定，专利权人与首仿药权利人之间达成的任何协议均需要向韩国食品药品管理局及公平交易委员会报告。❷ 2011 年 12 月，韩国公平贸易委员会首次认定原研药企业和仿制药企业达成的协议违法。协议的主要内容是：英国葛兰素史克公司向韩国 Dong－A 公司支付一定数量的金钱，以使得韩国 Dong－A 公司的仿制药退出市场。❸

总之，韩国的药品专利链接制度的建立是履行国际义务的必然要求，其内容主要借鉴了美国的制度内容，但有所区别，包括专利信息登记的范围不同、遏制期的期限不同、遏制期的启动方式不同，以及市场独占期不同等。

第六节　境外国家药品专利链接制度的异同及成因

通过前述分析可知，美国、加拿大、澳大利亚、韩国均建立

---

❶ SON K－B，LOPERT R，GLESON D，et al. Moderating the impact of patent linkage on access to medicines：lessons from Variations in South Korea，Australia，Canada，and the United States［J］. Globalization and Health，2018（14）：31，32.

❷ 邱福恩. 韩国药品专利链接制度介绍及对我国制度的启示［J］. 电子知识产权 2019（3）：27.

❸ SEUNG J J. Patent－Drug Approval Linkage in Korea under Korea－U. S. FTA－Based on Comparative Study on U. S. Hatch－Waxman Act and Canadian Patented Medicines（Notice of Compliance）Regulations［D］. The Munich Intellectual Property Larv Center，2013：49.

了完整的药品专利链接制度，制度构成有相同之处，但也存在差异，而日本只是部分建立了药品专利链接制度。

一、境外国家药品专利链接制度的相同之处

从制度构建的背景来看，加拿大、澳大利亚、日本和韩国均出于履行与美国所签订的自由贸易协定项下义务（自由贸易协定中包含药品专利链接条款）的现实需要，建立了药品专利链接制度。

从制度的内容上来看，美国、加拿大和韩国的药品专利链接制度构成基本相同，均包括专利信息登记制度、仿制药申请人声明制度和仿制药审批遏制期制度。其中，加拿大未规定首仿药市场独占期制度。澳大利亚和日本实质上建立的是弱化版的药品专利链接制度，均缺失了部分必要的制度。具体而言，澳大利亚未规定专利信息登记制度、仿制药审批遏制期制度、首仿药独占期制度，以及拟制侵权制度。日本未规定拟制侵权制度、仿制药审批遏制期制度和首仿药独占期制度。此外，美国和韩国均规定了对于药品专利反向支付和解协议的规制机制。

从制度的目标来看，尽管美国、加拿大、澳大利亚、日本和韩国建立药品专利链接制度的目标存在差异，但目标都包括增强药品市场的竞争、降低药品价格与提高药品的可及性。

二、境外国家药品专利链接制度存在的差异

尽管美国、加拿大、澳大利亚、日本和韩国的药品专利链接制度存在相同之处，但制度内容各不相同。因为日本只是部分建立了药品专利链接制度，所以下述的归类比较仅限于美国、加拿大、澳大利亚和韩国。

第一，专利信息登记制度存在差异（包括提供的专利信息），如表3－1所示。

表3－1　专利信息登记制度比较分析

内容	美国	加拿大	澳大利亚	韩国
专利清单	有	有	无	有
登记的信息	药物、成分和配方、给药途径	药品成分、配方、剂型、给药途径	无	药物、成分、剂型、给药途径
专利清单的管理	美国FDA	加拿大卫生部	无	韩国食品药品管理局
登记信息的补充	由新药上市许可持有人发起	由新药上市许可持有人或加拿大卫生部发起	无	由新药上市许可人或韩国食品药品管理局发起
登记信息的删除	通过专利诉讼	由加拿大卫生部进行	无	由韩国食品药品管理局或新药上市许可人进行

第二，仿制药申请人通知制度有所不同，如表3－2所示。

表3－2　仿制药申请人通知制度比较分析

内容	美国	加拿大	澳大利亚	韩国
通知人	提出第Ⅳ段声明的仿制药申请人	主张专利无效或不侵权的申请人	依据第26B（1）条作出声明的申请人（但声明专利不侵权的申请人不必通知专利权人）	主张专利无效或不侵权的申请人
被通知人	专利权人或新药申请人	新药申请人	专利权人（仿制药申请人须向澳大利亚药品管理局证实，已通知新药上市许可持有人）	专利权人或新药申请人

续表

内容	美国	加拿大	澳大利亚	韩国
通知时间	自申请提出之日起的20天内	无	在申请审查之后，上市审批之前	自申请提出之日的30天内

第三，仿制药上市的遏制期制度存在差异，如表3-3所示。

表3-3　仿制药上市审批遏制期制度比较分析

内容	美国	加拿大	澳大利亚	韩国
遏制期的条件	提起专利诉讼	向联邦法院申请	无	提起专利诉讼且声明诉讼请求是基于已登记信息的专利提出
提出请求的时间	自收到通知之日起的45天内	收到通知之日起45天内	无	收到通知之日起45天内
具体时间	美国FDA的行政程序，遏制期为30个月	由加拿大卫生部实施的准行政程序，遏制期为24个月	可以针对销售申请禁令，但没有阻止仿制药上市的程序	由韩国食品药品管理局实施的行政程序，遏制期为9个月
遏制期起算时间	自收到通知之日起	提起诉讼之日	无	自收到通知之日起
误用遏制期的处罚	无	必须赔偿简略新药申请的申请人的损失	如果败诉，那么专利权人必须赔偿仿制药企业的损失	无

第四，首仿药的市场独占期不尽相同，如表3－4所示。

表3－4 首仿药市场独占期制度的比较分析

内容	美国	加拿大	澳大利亚	韩国
市场独占期的条件	提出第Ⅳ段声明，且第一个提出简略新药申请的申请人	无	无	第一个提出简略新药申请，且挑战专利成功；如果仿制药申请人自在先请求人提出专利挑战的14天内发起专利挑战，并最先获得有利裁决
具体措施	180天的市场独占期	无	无	9个月的市场独占期，如果申请的药品是依韩国国民健康保险法第41（1）2条的规定提出，且属于纳入医保体系的药品，那么市场独占期可延长2个月
市场独占期的起算时间	自商业化上市申请提出之日	无	无	自上市申请提出之日

从上述内容可知，美国、加拿大、澳大利亚和韩国的药品专利链接制度既有相同之处，又存在差异。美国和韩国的药品专利链接制度内容相对完整和具体，澳大利亚和日本则缺失了部分主要的制度内容，缺乏可实施性。

三、境外国家药品专利链接制度存在差异的原因

之所以上述国家的药品专利链接制度存在差异，是因为不同

国家的医药产业发展水平，药品专利的保护水平，以及药品的可及性等均存在差别。

第一，医药产业的发展水平不同。众所周知，美国的医药产业发展水平较高，研发型和创新型医药企业较多。在全球十大药企当中，美国的药企达到了 5 家（包括强生、默沙东、艾伯维、百时美施贵宝、辉瑞），总收入达到了 2608.08 亿美元。❶ 故此美国构建了药品专利链接制度，制度构建的原因之一即为加强对原研药企业的保护，激励医药创新。此外，药品专利链接制度的内容也体现了对原研药企业权益的保护，例如，拟制侵权的引入，市场独占期仅为 180 天等。

加拿大的药品市场不同于美国，仿制药市场占据市场大部分，保护仿制药企业的利益，才更有利于仿制药的发展。❷ 因此，加拿大药品专利链接制度更多地体现了促进仿制药产业发展的目标，例如，加拿大未规定专利拟制侵权、未规定首仿药市场独占期，规定的遏制期期限为 24 个月等。

韩国经过十年的发展，目前药品市场规模占全球药物市场份额的 1.5%，位列全球药品市场第 14 位。❸ 另外，1999～2018 年，韩国平均每年推出 1.7 种新药，正逐渐成为全球制药巨头。❹ 因此，韩国药品专利链接制度全面借鉴了美国药品专利链接制度的

---

❶ 医药魔方．最新！全球药企排名 TOP 10［EB/OL］．（2021-03-04）［2021-07-20］．https://baijiahao.baidu.com/s?id=1693314891551927910&wfr=spider&for=pc.

❷ 俞风雷．知识产权保护中的利益平衡理论及其制度构建：以我国药品专利链接制度为例［J］．求索，2019（6）：84.

❸ 韩国医药产业发展状况的调研［EB/OL］．（2019-06-17）［2021-07-20］．http://www.fredamd.com/hydt/9434.html.

❹ 韩国生物制药行业快速崛起 一览异域制药工业［EB/OL］．（2019-08-02）［2021-07-21］．http://damor.cn/article/5496.

内容，强化了对药品专利权的保护，对原研药企业权益的保护更为充分。

根据日本2018年发布的药价基准目录，9254种仿制药占所有处方药数量的56.3%，3943种原研药占比23.9%，仿制药处方药数量是原研药数量的2倍多。因此，日本只是部分建立了药品专利链接制度（例如缺失拟制侵权制度、仿制药审批遏制期制度，以及首仿药市场独占期制度等），以维护仿制药企业的权益，促进仿制药行业的发展。

澳大利亚是目前世界上处方药、医疗器械，以及其他卫生服务和技术的最大市场之一。顶级的研究设施、世界级的科研人员，以及强大而灵活的监管机制使得澳大利亚成为生物技术和制药领域的领导者。另外，正是基于上述优势和强大的竞争力，澳大利亚成功吸引了超过470家生物技术企业，共同组成了蓬勃发展的生物医药网络。❶ 为保有竞争优势和营造良好的营商环境，澳大利亚只是建立了弱化版的药品专利链接制度。

总之，上述国家的医药产业结构、发展水平均存在差异，由此使得上述国家药品专利链接制度的内容有所不同。

第二，药品专利的保护水平不同。高水平的药品专利保护须通过高标准的专利保护制度实现，而药品专利链接制度有利于强化专利权的保护。美国最早建立了药品专利链接制度，在一定程度上强化了对于药品专利的保护。美国知识产权保护的整体水平较高，也是知识产品的主要出口国。为实现利益的最大化，美国多通过双边或多边自由贸易协定，或者双边投资协定输出高水平的知识产权保护制度。上述双边或多边条约确立的保护标准高于

❶ 许帅，胡雨佳，李依芮．澳大利亚生物医药产业白皮书2019［R/OL］．［2021-01-23］．https://max.book118.com/html/2021/0323/8057005031003064.shtm.

TRIPS 确立的保护标准。澳大利亚、加拿大和韩国之所以建立药品专利链接制度，正是因为与美国签订的自由贸易协定中规定了药品专利链接条款。

美国通过 301 条款、337 条款推行高标准的知识产权保护。而韩国为强化专利权保护，确立了完善的知识产权司法保护和行政保护制度。另外，韩国除了设立管辖专利、商标等知识产权的行政机构——韩国特许厅外，还设立了韩国文化体育观光部（主要负责著作权保护和相关事宜以及计算机软件）及其下设的各类审议调解委员会和韩国特许厅下设的特许审判院等。[1]

虽然加拿大、澳大利亚和日本也建立了高标准的专利权保护制度，但是相比于美国、加拿大、澳大利亚和日本的药品专利保护水平均有待提高。事实上，上述国家基于该国知识产权的保护水平、医药产业发展情况和药品可及性等，建立了各自的药品专利链接制度，并非完全照搬美国的药品专利链接制度，各国之间的国家的药品专利链接制度存在差异。

第三，药品的可及性有所不同。不同国家的居民收入、医疗保险制度，医药产业市场结构和发展情况，以及知识产权保护水平等均有所不同。因此，不同国家的药品可及性存在差异。如前所述，药品专利链接制度将能加快仿制药的上市、增强药品市场的竞争，提高药品的可及性。进言之，药品可及性的不同固然会影响药品专利链接的制度内容。

诚然，美国高水平的药品专利保护，使得品牌药的价格高涨。美国是卫生总费用和人均卫生费用最高的国家，卫生总费用已达

---

[1] 指南针．韩国的知识产权保护力度是怎样的？［EB/OL］.（2015－01－06）［2021－01－23］. https://www.worldip.cn/index.php?m=content&c=index&a=show&catid=54&id=81.

到其 GDP 的 18% 。[1] 仿制药上市将进一步降低药品价格，但是有限的仿制药进入并不一定会使价格下降。在 1980 年，仿制药仅占处方的 20% ，许多昂贵的品牌药即使在专利过期后仍然没有仿制药上市。[2][3] 而美国医疗保险模式是以商业健康保险为主、以社会医疗保险为辅的混合型医疗保险系统，医疗费用高，对于低收入人群的保障有限。为此，美国构建了内容全面的药品专利链接制度。当然，该因素仅作为美国建立药品专利链接制度的原因之一。

日本的国家卫生保险法于 1961 年全面修改，医疗保险制度以强制的形式覆盖所有国民，实现了全民皆保。从日本厚生劳动省的统计数据可知，2016 年日本的医疗保险覆盖率已经达到了 100% 。日本的医疗费用支付结构中，基本医保占比最高，2015 年达到 83.6% 。[4] 另外，据世界卫生组织（World Health Organization，WHO）发布的《全民健康覆盖情况追踪：2017 年全球监测报告》显示，在基本卫生服务覆盖率和财务保障两个维度上，日本是指标最高的国家之一。[5] 申言之，日本的药品可及性水平相对较高。故日本仅部分建立了药品专利链接制度。

加拿大的医疗卫生服务机构几乎全由政府资助，即使是最基层的个体诊所用房和一些基本设备也都由政府出资提供。加拿大

---

[1] 张天翔，黄宇玮，刘宝．美国药品可负担性的影响因素考察［J］．中国药物经济学，2018（5）：17.

[2] 张天翔，黄宇玮，刘宝．美国药品可负担性的影响因素考察［J］．中国药物经济学，2018（5）：18.

[3] GRABOWSKI H，LONG G，MORTIMER R. Recent trends in brand – name and generic drug competition［J］. Journal of Medical Economics，2014，17（3）：207 – 214.

[4] 产业信息网．2018 年全球医疗保险发展现状、特点及中国医疗保险发展现状、发展趋势分析［EB/OL］.（2019 – 11 – 11）［2021 – 08 – 20］. https://www.chyxx.com/industry/201911/803692.html.

[5] 林俏．日本医疗保险法律制度改革及其借鉴意义［J］．医学与法学，2021（1）：28.

国民不需要直接向提供医疗服务的医院和医生付费。[1] 质言之，加拿大国民的药品可及性有保障，因此，尽管加拿大基于条约义务应当构建药品专利链接制度，但加拿大只是部分建立了药品专利链接制度。

澳大利亚实行医药分业管理制度，与之相对应的医疗保障包括全民医疗保险制度和起补充作用的药品津贴计划。[2] 根据澳大利亚全民医疗保障法规定，所有澳大利亚公民均可享受全民医疗保险制度（Medicare 制度）提供的福利。[3] 另外，澳大利亚从 1948 年 1 月起颁布实施药品津贴计划（PBS 计划），纳入 PBS 制度框架内的药品由政府支付主要费用，个人仅需支付较少费用。政府根据实际情况每年对药品目录进行调整。[4] 显然，澳大利亚居民的药品可及性有保障。因此，澳大利亚并未完整地构建药品专利链接制度。

韩国 1989 年实现了最初的健康保险的全民覆盖，由不同的医疗保险制度为国民提供保障。2004 年，通过建立国民健康保险公司完成了医疗保险制度筹资、运行和管理的统一，形成沿用至今的国家医疗保险模式。[5] 然而，韩国医疗保险费用个人自负费用比例较高。2009 年，韩国卫生总费用占其 GDP 的 6.5%，其中个人

---

[1] 驻加拿大经商参处．加拿大医药卫生体制及药品流通情况［EB/OL］．(2016－02－25)［2021－08－20］．http://ca.mofcom.gov.cn/article/ztdy/201602/20160201262184.shtml.

[2] 马洪范，辜登峰．澳大利亚医疗保障的做法、经验与启示［J］．公共财政研究，2017（2）：23.

[3] 高荣伟．澳大利亚的医疗保险制度［J］．检察风云，2018（15）：55.

[4] 马洪范，辜登峰．澳大利亚医疗保障的做法、经验与启示［J］．公共财政研究，2017（2）：25.

[5] 郭莺，茅雯辉，向浩，等．韩国医疗保险监管组织体系和管理能力及其启示［J］．中国卫生政策研究，2020，13（3）：2.

自付比例为 35%，高于经济合作与发展组织国家 20% 的平均水平。[1] 可见，在韩国，居民的药品可及性缺乏保障。因此，韩国全面借鉴了美国的药品专利链接制度，以提高药品的可及性。

综上可知，之所以上述国家的药品专利链接制度有所不同，是因为医药产业的发展水平、专利权保护水平，药品可及性和原研药的发展水平等均存在差异。

第七节　境外国家药品专利链接制度对我国的启示

我国通过修法和立法初步建立了药品专利链接制度，但是部分制度尚不完善。而通过对美国、加拿大、澳大利亚、日本和韩国药品专利链接制度的比较分析可知，已登记药品专利信息的变更和删除，药品专利反向支付和解协议的规制等均可为我国药品专利链接制度提供借鉴。

一、规定已登记专利信息的变更、删除及其更新时间

承前所叙，登记的药品专利信息是药品专利链接制度的基础。登记专利信息的完整性、准确性、最新性和有效性固然重要。《中国上市药品目录集》及其使用指南未就登记药品专利信息的变更和删除作出规定，也未规定更新的具体时间。然而，根据《中国上市药品目录集》及其使用指南的规定，药品监督管理机构应承担保证目录集内容准确和持续更新的责任。但是信息更新的具体

[1] 杨艺，李秀华．韩国医疗保险制度对我国的启示［J］．医学与哲学，2016，37（1A）：68.

时间和要求不明确。

诚然，药品监督管理机构不可能实时掌握最新的药品专利信息，药品专利信息可能发生变更（例如，药品专利权人发生变更，登记的专利信息存在错误等），而药品专利信息的登记人最为知晓最新的专利信息。因此，《中国上市药品目录集》及其使用指南应规定药品专利信息登记人变更专利信息的义务，并应明确变更登记的时间。需要注意的是，药品专利信息登记人变更专利信息登记程序应与药品监督管理机构更新信息程序相衔接。

此外，当已登记信息的药品专利权有效期满或者药品专利权被宣告无效时，《中国上市药品目录集》中应当及时删除已登记的相关药品专利信息，以为仿制药申请人的专利声明和专利挑战等提供准确的信息，进而能加快仿制药上市的流程，提高药品的可及性。美国、加拿大和韩国均规定了已登记药品专利信息的变更和删除，以及变更和删除的时间、流程等。

二、完善药品专利纠纷早期解决机制

通过前述分析可知，我国对首仿药厂商的鼓励政策可能落空。根据《解决机制实施办法》第 11 条的规定，首个挑战专利成功且首个获批上市的化学仿制药品厂商将获得 12 个月的市场独占期。但是，当专利权人起诉首访者时，将进入 9 个月的等待期。在等待期内，如果有其他挑战者，且专利权人因各种原因未起诉其他挑战者，将有可能出现其他挑战者的仿制药获批，首仿者尚在等待期的情形。

为此，我国应当充分保障首仿药厂商的权益，以激励首仿药厂商发起专利挑战。我国可以规定，遏制期内暂停批准首仿药厂商的仿制药上市，且应明确规定遏制期内不批准其他仿制药厂商同类药品上市。美国、加拿大和韩国的药品专利链接制度均有相关规定。

除此之外，我国药品专利链接制度未对于药品专利反向支付和解协议的规制作出相关规定。通过前述分析可知，药品专利反向支付和解协议将维持原研药企业的市场垄断地位，使得药品价格维持在高位，导致药品专利链接制度的目的落空，不利于药品的可及性和公共健康。美国和韩国均规定了对于药品专利反向支付和解协议的规制。鉴此，我国应当建立对于药品专利反向支付和解协议的规制机制。

三、明确仿制药申请人声明的通知时间

我国《解决机制实施办法》第 6 条规定，仿制药申请人应将相应声明及声明依据通知上市许可持有人，上市许可持有人非专利权人的，由上市许可持有人通知专利权人。可是，该条款并未规定仿制药申请人将声明及其依据通知上市许可持有人的具体时间。仿制药申请人可能迟延通知上市许可持有人，造成后续程序的延迟，进而延迟仿制药上市。

美国、韩国均规定了仿制药申请人的通知时间。其中，美国规定的通知时间是自申请提出之日起 20 天内；韩国规定的通知时间是自申请提出之日起的 30 天内。因此，我国应具体规定仿制药申请人将声明及其依据通知上市许可持有人的时间，以及在上市许可持有人非专利权人的情形下，上市许可持有人通知专利权人的时间。

四、调整专利权人或利害关系人异议期的起算时间

我国《解决机制实施办法》规定，专利权人或利害关系人对

第四类专利声明提出异议的，异议期的起算时间是国家药品审评机构公开药品上市许可申请之日起45日内。但是，专利权人或利害关系人在上市许可申请公示之日并不必然知晓专利声明的内容。毋庸置疑，如果专利权人或者利害关系人不知晓专利声明的内容，那么专利权人或利害关系人无从提起异议。申言之，此种情形下，专利权人或利害关系人实际享有的异议期将被缩减。

而美国、加拿大和韩国规定的专利权人或利害关系人异议期的起算时间是自收到通知之日起。该规定较为合理。因此，我国应当规定，专利权人或利害关系人异议期的起算时间为自收到通知之日起。

五、规定等待期的终止事由

根据我国《解决机制实施办法》第8条之规定，等待期的期限是9个月。自人民法院立案或者国务院专利行政部门受理之日起，只设置一次。需要注意的是，在等待期内，如果诉争药品的专利权有效期满或出现其他情形，就无需待等待期满才进行仿制药的行政评审。否则仿制药的上市时间将出现延迟，影响药品的可及性。

加拿大将遏制期规定为可变期间（主要目的是督促仿制药申请人履行法定义务，且配合纠纷的解决），美国和韩国则专门规定了遏制期终止的情形（例如，遏制期内药品专利权的有效期满，法院作出药品专利权无效或不侵权的判决，专利权人撤诉或与仿制药申请人达成和解等）。综上，我国应规定等待期终止的法定事由。

六、规定独占期的终止事由

根据我国《解决机制实施办法》第11条之规定，对首个挑战专利成功并首个获批上市的化学仿制药，给予市场独占期。独占期为自该药品获批之日起 12 个月，但未规定独占期终止的情形。通过前述分析可知，首仿药厂商可能滥用独占期，即与原研药专利权人达成反向支付和解协议，不上市或延迟上市仿制药品。此外，首仿药厂商在独占期内可能怠于上市仿制药品。

诚然，上述做法将不利于公众对于药品的获取，影响公共健康。美国和韩国专门规定了市场独占期终止的情形（例如，首仿药申请人在法定期间内不上市销售仿制药品，首仿药申请人撤回申请，首仿药申请人与已登记药品的上市许可人或专利权人达成协议，协议被认定违法等）。

为督促获得市场独占期的仿制药企业尽快上市销售仿制药品，保障药品的可及性，我国应当规定市场独占期丧失的法定情形。需要注意的是，并非首仿药申请人与专利权人达成的任何协议均违法，只有协议本身禁止或限制仿制药上市（具有限制竞争的效果)，才可能违法。

综上所述，我国通过修改《专利法》，制定部门规章，初步建立了药品专利链接制度。而美国、加拿大、澳大利亚、日本和韩国均已建立药品专利链接制度。其中，美国和韩国的药品专利链接制度内容完整，加拿大、澳大利亚和日本的药品专利链接制度并不完整。

通过比较分析可知，上述国家的药品专利链接制度既存在相同之处，又存在差别。存在差别的主要原因包括医药产业的发展水平不同、药品专利权的保护水平不同，以及药品的可及性不同等。我国则初步建立了药品专利链接制度，制度尚存不完善之处，我国可合理借鉴上述国家药品专利链接制度的有益内容。

本章小结

美国1984年通过的Hatch－Waxman法案规定了药品专利链接制度，包括专利拟制侵权制度、橙皮书制度、仿制药申请与专利声明制度、仿制药审批遏制期制度，以及首仿药市场独占期制度。此外，美国通过双边或多边自由贸易协定输出药品专利链接制度，即在自由贸易协定中规定药品专利链接条款。而为履行与美国缔结的自由贸易协定中的义务，加拿大、澳大利亚、日本和韩国均建立了药品专利链接制度。

不过上述国家建立的药品专利链接制度均存在差异，加拿大、澳大利亚和日本的药品专利链接制度并不完整，缺失了部分制度内容。韩国建立的药品专利链接制度内容较为完整。通过分析可知，上述国家的药品专利链接制度存在差异的主要原因包括医药产业的发展水平不同、药品专利权的保护水平不同和药品的可及性不同。

我国通过修改《专利法》，制定部门规章初步建立了药品专利链接制度，但制度尚存不足。而美国、加拿大和韩国的药品专利链接制度能够为我国提供有益借鉴。我国应从下述6个方面完善药品专利链接制度：①规定已登记专利信息的变更、删除及其更新时间；②完善药品专利纠纷早期解决机制；③明确仿制药申请人声明的通知时间；④调整专利权人或利害关系人异议期的起算时间；⑤规定等待期的终止事由；⑥规定独占期的终止事由。

CHAPTER 04 >> 第四章

药品专利链接制度下的利益平衡问题

知识产权是一种私权公权化的权利，即在具有私权性的同时附加了公权性的内容。[1] 两者的权利属性存在对立统一关系。专利权也是如此。然而，药品极具特殊性和重要性，与公共健康和人权保障直接相关。毫无疑问，药品专利关涉的利益具有多元性，药品专利链接制度亦是如此。质言之，药品专利链接制度的构建必须遵循利益平衡原则，实现不同利益的平衡。

第一节　药品专利链接制度的利益分析

利益是人们受社会物质生活条件所制约的需要和满足需要的手段和措施；利益决定着法的产生和

---

[1] 冯晓青．知识产权法利益平衡理论［M］．北京：中国政法大学出版社，2006：311．

发展。法对利益有能动作用，可以促使或阻碍特定利益的形成和发展。[1] 法律的目的是在个人原则与社会原则之间形成一种平衡。[2] 毋庸置疑，个人原则和社会原则在一定情形下存在冲突。个人原则关涉个人利益，社会原则关涉社会整体利益。

固然，法律关系的主体不同，其利益诉求不同，甚至会出现冲突。就知识产权法而言，知识产权法以知识产品的生产、传播、利用、保护所产生的社会关系为调整对象。知识产权法实际上是一个分配知识产品权益的制度。[3] 而权益分配关涉不同的利益主体。利益主体不同，利益当然存在差异。例如，知识产权权利人要求强化对其权利的保护，而知识产品的使用人则要求不保护或者有限地保护知识产权，以便其更容易地获取知识产品。[4] 之所以出现冲突，主要原因在于知识产品同时具有公共产品和私人商品的双重属性，且知识产权是私权。毫无疑问，私权无限制地行使或者不当行使将影响公共产品的获取和使用，损及公共利益。

进言之，药品专利权的不行使或不当行使无疑将影响药品的获取和使用，影响公共健康。而制度目标多重的药品专利链接制度不可避免地涉及利益平衡问题。具体而言，从利益主体来看，药品专利链接制度关涉原研药企业、药品专利权人、仿制药企业，以及药品使用者的利益。从利益的类型来看，药品专利链接制度关涉私人利益和公共利益。从权利的类型来看，药品专利链接制

---

[1] 孙国华．论法与利益之关系［J］．中国法学，1994（4）：36－39.

[2] 博登海默．法理学法律哲学与法律方法［J］．邓正来，译．北京：中国政法大学出版社，2004：115.

[3] 冯晓青．知识产权法的价值构造：知识产权法利益平衡机制研究［J］．中国法学，2007（1）：69.

[4] 焦海洋．学术信息开放存取法律问题研究［M］．北京：中国法制出版社，2019：118.

度关涉专利权、生命权和健康权。不仅如此，药品专利链接制度关涉国家医药创新、医药产业政策，以及公共卫生等政策的实现。事实上，一项制度的产生就是各方利益博弈的结果，药品专利链接制度是顺应平衡仿制药企业、原研药企业与社会公众利益的要求而产生的。❶ 质言之，药品专利链接制度关涉不同利益的平衡，是利益平衡的产物。

利益平衡是分配正义的内在要求，也是不同部门法所普遍面临的问题。然而，利益平衡不会独自实现，需要创设利益平衡机制。在现代法治社会中，不同主体之间的利益分配最终表现为法律所确定的权利义务之间的关系。❷ 显然，利益平衡机制应当围绕着权利、义务和责任的设定展开，将利益平衡原则或目标贯穿于法律制度构建或完善的过程中。药品专利链接制度的构建应当遵循利益平衡原则，体现利益平衡的要求，最终实现利益平衡。质言之，药品专利链接制度通过权利、义务和责任的公平与合理配置实现利益平衡。值得注意的是，利益平衡不是绝对的。我国可合理借鉴境外国家药品专利链接制度利益平衡机制的有益内容。

第二节　境外国家药品专利链接制度的利益平衡机制述评

美国、加拿大、澳大利亚、日本和韩国均建立了药品专利链接制度，尽管其制度的具体内容存在差异，但均体现了利益平衡

---

❶ 俞风雷．知识产权保护中的利益平衡理论及其制度构建：以我国药品专利链接制度为例［J］．求索，2019（6）：83.

❷ 任寰．论知识产权法的利益平衡原则［J］．知识产权，2005（3）：13.

的要求，均设定了利益平衡机制。因为澳大利亚和日本未完整地建立药品专利链接制度，所以本节有关境外国家药品专利链接制度的利益平衡机制的分析以美国、加拿大和韩国的相关制度为基础。

一、药品专利信息登记中的利益平衡规则

登记的药品专利信息是仿制药申请人提出仿制药申请、提出专利声明和发起专利挑战的基础。对于原研药企业或药品专利权人而言，药品专利信息登记同样重要，是其享有药品专利链接制度项下权益的重要条件。不仅如此，药品专利信息登记也是药品监督管理部门行使监管权和上市审批权的前提。美国、加拿大和韩国的专利信息登记制度均在一定程度上体现了利益平衡的要求。

（一）规定药品专利信息登记的截止时间

为督促原研药企业或专利权人及时登记药品信息和专利信息，避免影响仿制药上市审批，影响药品专利链接制度的运行，美国、加拿大和韩国的药品专利信息登记制度均明确规定了信息登记的具体时间。《中国上市药品目录集》也规定了药品信息和专利信息登记的具体时间。

（二）规定药品专利信息的变更、更新和删除

为保证登记信息的准确性、最新性和有效性，以保证仿制药申请人基于上述登记信息适当地提出药品上市申请，准确地作出专利声明，确保药品监督管理机构正确地作出药品上市审批与否的决定，已登记药品信息或专利信息的变更、更新和删除十分必要。

美国、加拿大和韩国均规定了登记的药品专利信息变更、更新和删除的流程与时间。为实现利益平衡，我国应明确规定已登

记药品专利信息的变更、更新和删除的流程、时间。

二、仿制药申请与专利声明中的利益平衡规则

仿制药申请与专利声明是药品专利链接制度的重要内容，是药品信息登记与药品专利纠纷早期解决机制相衔接的中间环节。利益平衡机制的设置至关重要。对于仿制药申请与专利声明，美国、加拿大和韩国均规定了利益平衡规则。

（一）规定仿制药申请人需提交声明的依据

为避免仿制药申请人提交虚假声明或滥用仿制药申请与专利声明制度，损害原研药企业、药品专利权人的权益，应当要求仿制药申请人提交声明所依据的各项资料，以证实声明的准确性和客观性。

美国、加拿大和韩国均要求仿制药申请人提出专利声明时，一并提交声明的依据。我国《解决机制实施办法》第 6 条也作出了相关规定。

（二）规定仿制药申请人需在法定时间内履行通知义务

为防止仿制药申请人怠于履行通知义务，使得上市许可持有人、药品专利权人及时知晓仿制药申请和声明的内容，以保证药品专利权人、利害关系人及时有效地提出异议，保障药品专利权人的合法权益，仿制药申请人应在法定时间内通知药品专利权人。

美国、加拿大和韩国均规定了仿制药申请人履行通知义务的时间。我国《解决机制实施办法》第 6 条规定，仿制药申请人应当将相应声明及声明依据通知上市许可持有人。然而，该条款并未规定仿制药申请人履行通知义务的时间。

三、仿制药审批遏制期制度中的利益平衡机制

仿制药审批遏制期的设置是为解决药品专利侵权纠纷，以为仿制药上市审批提供依据。毫无疑问，遏制期过长将延迟仿制药上市，遏制期过短将无法完成专利侵权纠纷的解决。质言之，遏制期的长短与仿制药申请人、药品专利权人，以及原研药企业的利益密切相关。

（一）规定药品专利权人提起专利诉讼的期间

为促使药品专利权人及时提起专利侵权诉讼，避免仿制药上市延迟损及仿制药申请人、社会公众的利益，应当规定药品专利权人或利害关系人提出药品专利侵权诉讼的时间。美国、加拿大和韩国均规定了专利侵权之诉提出的时间，即自收到通知之日起45日内。

我国《解决机制实施办法》第7条也作出了相应规定，专利权人或者利害关系人对四类专利声明有异议的，可自国家药品审评机构公开药品上市许可申请之日起45日内提起诉讼，或向国务院专利行政部门请求行政裁决。所不同的是，据此规定，专利权人或利害关系人也可通过行政裁决的方式解决专利侵权纠纷。

（二）规定遏制期的期间

在遏制期内，仿制药审批中止，以解决药品专利侵权纠纷。而药品专利侵权纠纷的裁决结果将直接影响仿制药上市审批能否通过。美国、加拿大和韩国均规定了仿制药审批的遏制期。所不同的是遏制期的期间有所不同，美国规定的遏制期为30个月，加拿大规定的遏制期为24个月，韩国规定的遏制期为9个月。

我国《解决机制实施办法》第8条规定了9个月的等待期（遏制期）。等待期自人民法院立案或者国务院专利行政部门受理之日起，只设置一次。

四、首仿药市场独占期制度中的利益平衡机制

药品专利纠纷诉讼耗时久、费用高。为激励仿制药企业挑战药品专利，补偿仿制药企业因挑战专利支付的各项费用，市场独占期的设置十分必要。随之产生的问题是，因为市场独占期制度将产生新的垄断，所以市场独占期不宜过长。另外，通过前述分析可知，首仿药申请人可能滥用市场独占期，损及公共利益。因此，应当规定市场独占期的终止情形。

（一）规定首仿药市场独占期

美国和韩国均规定了首仿药市场独占期，不过独占期的期间不同。美国规定的首仿药市场独占期为 180 天，韩国规定的首仿药市场独占期为 9 个月。我国《解决机制实施办法》第 11 条规定，对首个挑战专利成功并首个获批上市的化学仿制药，给予 12 个月的市场独占期。

（二）规定首仿药市场独占期的终止情形

在实践中，首仿药企业存在滥用市场独占期的情形，例如，与原研药企业达成反向支付和解协议或者延迟仿制药上市。显然，市场独占期的滥用将影响药品的可及性，将对公共健康产生不利影响，有碍于药品专利链接制度目标的实现。

而美国、韩国均规定了市场独占期终止的情形，以规制反向支付和解协议或者首仿药企业滥用市场独占期的行为。但是，我国《解决机制实施办法》并未规定市场独占期终止的情形。

综上所述，美国、加拿大和韩国均规定了利益平衡机制。尽管利益平衡机制不完全相同，但利益平衡贯穿于药品专利链接制度的全过程。利益平衡机制的设置均以权利、义务和责任为内容，以实现利益平衡为目标。

第三节　我国药品专利链接制度构建中的利益考量

目前，中国已成为世界第二大药物市场，但我国原研药上市总量少，近十年来上市原研药物总数不及美国2006年上市数量的1/4。[1] 此外，我国人口基数大，且已进入人口老龄化社会，对于药品的可及性要求较高。因此，我国药品专利链接制度构建中面临相对复杂的利益关系。

一、激励药品创新

诚然，药品创新对于一国医药产业的发展至关重要，药品研发可以满足疑难病、罕见病患者的用药需求。然而，从总体上看，当前我国是制药大国，但不是制药强国。原因在于我国药品医疗器械科技创新支撑不够。而药品创新是促进我国医药产业可持续发展的原动力。为激励药品创新，药品专利链接制度在制度内容设计上应将激励药品创新作为利益考量之一。

中共中央办公厅、国务院办公厅于2017年10月8日印发并实施的《关于深化审评审批制度改革 鼓励药品医疗器械创新的意见》提出，“促进药品创新和仿制药发展”，而具体措施之一即为建立药品专利链接制度。因此，为激励药品创新，药品专利链接制度应当注重保障原研药企业和专利权人的权益，例如，通过规定专利拟制侵权制度或专利纠纷早期解决机制，设置仿制药审批遏制期等。

---

[1] 程永顺，吴莉娟. 探索药品专利链接制度［M］. 北京：知识产权出版社，2019：71，76.

二、促进仿制药产业发展

众所周知，我国是仿制药大国，2018 年在国内市场上，仿制药占比高达 63%。[1] 同时，我国也是人口大国。根据第七次全国人口普查结果，全国人口共 141178 万人，60 岁以上人口占比达 18.7%（达到 26400 万人）用药需求相应增加，药品供需矛盾进一步突显。

然而，药品价格对药品的可及性有着直接影响。受专利权的保护，原研药企业在专利权有效期内处于合法的垄断地位，药品价格维持在高位，不利于药品的获取。而仿制药的价格远低于原研药，另外，仿制药的上市将增加药品的供给，增进药品市场的竞争，提高药品的可及性。一言以蔽之，促进仿制药发展的意义重大。我国的药品专利链接制度应体现促进仿制药发展的要求。需要注意的是，仿制药的质量与公共健康密切相关，我国药品专利链接制度在促进仿制药产业发展之时，应当特别注重仿制药的质量。

三、增进药品可及性

根据 WHO 的规定，可及性包括四个相互重叠的方面：不歧视性、实际可及性、经济可及性和信息可及性。[2] 目前，我国药物总体可及性合并值为 43.4%，基本药物可及性总体合并值 > 40%，

---

[1] 前瞻经济学人问答. 2020 年中国仿制药市场发展现状与趋势分析 集采方案下行业将洗牌 [EB/OL]. (2020-03-02) [2021-10-02]. https://3g.163.com/dy/article_cambrian/F6NTI2GV0519811T.html.

[2] World Health Organization. Human rights and health [EB/OL]. (2017-12-29) [2021-10-02]. https://www.who.int/news-room/fact-sheets/detail/human-rights-and-health.

基本药物可及性基本达到预期水平，总体可获得性程度为中等水平。❶ 显然，我国的药品可及性水平仍有待提高。

毋庸置疑，药品可及性与公共健康直接相关。药品可及性越高，公共健康的保障越充分。药品可及性的重要性可见一斑。不仅如此，通过前述分析可知，激励药品创新、促进仿制药发展无疑均有益于增进药品可及性。可是，激励药品创新和促进仿制药发展在一定情形下存在冲突。因此，增进药品可及性应单独作为我国药品专利链接制度构建的考量因素。

四、平衡私人利益和公共利益

私人利益和公共利益有些时候并不完全一致，两者在一定情形下存在冲突。而药品专利链接制度既关涉私人利益，又关涉公共利益。具言之，私人利益主要体现的是原研药企业、药品专利权人的利益；公共利益体现的是广大患者的利益，即公共健康。此外，药品是一种特殊的商品，具有需求价格弹性低和公共产品外部性特征。❷ 专利权的保护使得药品之上附加了私权，药品同时具备公共产品外部性特征。而药品专利权保护的强化无疑将提高药品价格，损及公共利益，致使私人利益和公共利益失衡，甚至出现冲突。

我国药品专利链接制度在构建中不可避免地面临私人利益和公共利益失衡或冲突的问题，故在制度构建中应当注重平衡私人利益和公共利益。

---

❶ 王晓辉，张铭，曹瑾，等．北京、成都、兰州居民家庭药品可及性入户调查［J］．中国现代应用药学，2020，37（13）：1650.

❷ 刘莹，梁毅．论药品可及性与药品专利保护［J］．中国药房 2007，18（13）：967.

总之，药品专利链接制度关涉的利益有多种，关涉的利益主体有多个，我国药品专利链接制度应当综合考量药品创新、仿制药产业发展、药品可及性，以及个人利益和公共利益的平衡。

第四节 我国药品专利链接制度下的利益平衡机制创设

我国药品专利链接制度在构建中应遵循利益平衡要求，基于社会公共利益的考量，通过权利、义务和责任的规定，设置利益平衡机制。利益平衡机制的创设要有针对性，突出实效性。

一、药品创新和仿制药发展的平衡机制

药品创新和仿制药发展的作用存在相同之处，但两者的目标和利益主体均不相同，甚至存在冲突。诚然，药品创新和仿制药发展对于提高药品可及性，保障公共健康而言均非常重要，两者不可偏废。质言之，在机制创设的过程中应以利益平衡为目标，以利益平衡为要求。

第一，为激励药品创新，应当强化对药品专利权的保护。原因在于新药研发的投入大、周期长、风险高。药品专利链接制度将仿制药的上市审批与仿制药是否侵犯专利权相关联，将药品专利侵权纠纷的解决时间提前。该项制度既能强化对于药品专利权的保护，又能降低仿制药的侵权风险。简言之，药品专利链接制度体现了利益平衡的要求。而在利益平衡机制创设上，为便于药品专利权人或利害关系人主张权利（当药品专利权人并非药品上市许可持有人时），应赋予药品专利权人或利害关系人登记专利信

息的权利，且当药品专利权人或利害关系人提起诉讼时，应中止仿制药的审批程序。第二，为促进仿制药发展，防止药品专利权人或者利害关系人怠于行使权利，延迟仿制药上市，应规定药品专利信息登记的时间，以及药品专利权人或利害关系人提起专利诉讼或请求行政裁决的时间。第三，为防止药品专利权人或利害关系人滥诉，应限定药品专利权人或利害关系人提起诉讼的情形。

二、药品可及性提高的平衡机制

如前所述，药品可及性意义重大。而仿制药的上市无疑能够增进药品的可及性。可是，如果仿制药上市延迟，那么药品可及性提高的效果将受限。反之，仿制药上市审批的加快能够缩短仿制药上市的时间，进而提高药品可及性。药品专利链接制度应规定对仿制药申请人的激励机制，特别是对首个挑战专利成功并首个获批上市的化学仿制药（美国和韩国均规定了市场独占期制度）。

然而，通过前述分析可知，获得市场独占期的首仿药申请人可能延迟上市销售仿制药品或滥用市场独占期（例如，与药品专利权人达成药品专利反向支付和解协议）。事实上，药品专利反向支付和解协议将维持原研药企业的垄断地位，使得药品价格居高不下，影响药品可及性，不利于公共健康。因此，我国应确立对于药品专利反向支付和解协议的规制机制（美国和韩国均规定了对药品专利反向支付和解协议的规制，欧盟也确立了药品专利反向支付和解协议违法性的认定标准），并规定市场独占期终止的情形，以督促首个挑战专利成功且首个获批上市的化学仿制药申请人尽快上市仿制药，防止其滥用市场独占期。

不仅如此，为增进药品可及性，药品创新不可或缺。“创新和可及性，恰如一枚硬币的两面，相辅相成才能让更多患者获益。”❶具体而言，药品创新能够满足疑难杂症和罕见病患者的用药需求，能够提高药品可及性，而药品可及性的提高需要药品创新。我国药品专利链接制度应当确立药品创新的激励制度，即适度强化对药品专利权的保护。

三、个人利益和公共利益的平衡机制

不同于个人利益，公共利益代表了大多数人的利益，其具有以下特点：消费不排他性的相容性，即公共利益不能被专有；不可分性，公共利益所具有的数量不能像私人利益那样被划分；供给具有一定的外部效用。❷故，药品专利链接制度中，个人利益和公共利益不可避免地存在冲突。两者的利益主体不同、利益诉求不同、利益的实现方式也不同。

详言之，药品专利权人、仿制药企业，以及广大患者的利益存在差异，甚至会出现冲突。例如，药品专利权人希望能够强化对其专利权的保护，以预防或严惩侵权行为，以在专利有效期内收回成本、获取收益；而仿制药企业希望能简化仿制药上市审批流程，加快仿制药上市，降低仿制药上市的专利侵权风险，能够享有市场独占期；广大患者则希望能够及时且以更低的价格获取所需药品。一言以蔽之，以上利益主体的利益不同，甚至存在冲突。

显然，个人利益和公共利益之间的冲突不利于药品专利链接

---

❶ 新浪财经．诺华制药张颖：创新和可及性须相辅相成［EB/OL］．（2020－07－24）［2021－10－20］．https://baijiahao.baidu.com/s?id=1673096183304430489&wfr=spider&for=pc.

❷ 冯晓青．知识产权法利益平衡理论［M］．北京：中国政法大学出版社，2006：311.

制度的运行，及其制度目标的实现。为预防或解决利益冲突，利益平衡机制必不可少。而利益平衡机制固然应当兼顾个人利益和公共利益，即兼顾药品专利权人、仿制药企业与广大患者的利益。为实现利益平衡，药品专利链接制度既应强化对于药品专利权人的保护，维护仿制药企业的利益，又应保障广大患者对于药品的获取。从制度上看，我国应当规定仿制药专利声明制度、仿制药申请人的通知义务，以及各相关程序的具体时间等。

总之，我国药品专利链接制度在构建中应以利益平衡为目标，明确需要衡量的各种利益，区分失衡或冲突的不同利益，规定利益平衡机制。

本章小结

药品专利链接制度涉及多种法律关系。不同法律关系的主体、内容等均存在差异，法律关系主体的利益也存在冲突。这些利益冲突有碍于药品专利链接制度的运行及其目标的实现。为此，我国药品专利链接制度构建中应当注意利益平衡问题，而利益平衡也是分配正义的内在要求。

利益平衡固然不能自动实现，应由利益平衡规则的调整实现。通过比较分析境外国家的药品专利链接制度可知，美国、加拿大和韩国等均规定了利益平衡规则。例如，药品专利信息登记中的利益平衡规则、仿制药申请与专利声明中的利益平衡规则、仿制药审批遏制期制度中的利益平衡机制，以及首仿药市场独占期制度中的利益平衡规则。较之于上述国家，我国的医药市场结构、药品创新水平、仿制药产业发展情况和药品可及性等均存在特殊性。因此，我国药品专利链接制度中利益平衡规则的确立应从我国的实际出发，区分失衡或存在冲突的不同利益规定利益平衡规则。

经过分析可知，我国药品专利链接制度构建中需要考量的利益主要包括医药创新、仿制药产业发展、药品可及性提高，以及个人利益和公共利益。围绕上述利益内容，我国应有针对性地在药品专利链接制度中规定利益平衡规则。

CHAPTER 05 >>

第五章 我国药品专利链接制度完善的对策

我国通过修改《专利法》、制定部门规章等方式初步建立了药品专利链接制度，但是，通过比较分析可知，我国药品专利链接制度尚存在不完善之处（包括实体规则和程序规则），应当进行相应完善。

第一节 药品专利信息登记规则的完善

药品信息登记是药品专利链接制度的基础。登记信息的完整性、准确性、有效性和及时性至为重要。《中国上市药品目录集》及其使用指南明确了登记的专利类型、登记的信息，以及登记的时间，但没有规定药品监督管理机构更新信息的时间、登记信息删除的规则和异议程序。尽管《解决机制实施办法》第4条规定了异议程序，但缺乏可操作性。

一、具体化异议程序

药品信息登记的主体为药品上市许可持有人。而药品上市许可持有人制度源起于欧美国家，是一种将药品上市许可与生产许可分离管理的制度模式。[1] 此前我国实行的是上市许可与生产许可合一的管理模式，但自《药品管理法》施行后，我国开始实行上市许可和生产许可分离的管理模式。药品上市许可持有人是指取得药品注册证书的企业或者药品研制机构等。[2] 可是，药品专利权人并非均能取得药品注册证，例如存在共同发明人的情形。申言之，药品上市许可持有人并不一定是药品专利权人，药品专利权人也会因专利权的转让发生变更。此外，对于登记的药品专利信息，存在其他利害关系人。

为保障利害关系人的权益，在专利信息登记中，应当明确规定异议程序，即利害关系人有权就此提出异议。《解决机制实施办法》第 4 条规定，药品上市许可持有人对其登记的相关信息的真实性、准确性和完整性负责，对收到的相关异议，应当及时核实处理并予以记录。然而，该条款没有规定异议提出的时间、提出的形式、处理的方式和结果等，无法实施。另外，由药品上述许可持有人自行处理异议有失公允。原因在于，药品上市许可持有人和异议人对于登记的信息均具有利害关系。

因此，我国应当具体化异议程序，从以下内容进行完善：异议提出的时间应自国家药品审评机构公示已获批上市药品的相关

[1] 梁雯卓. 解读药品上市许可证持有人制度：药品批文不再是药企专利［EB/OL］.（2016 - 06 - 20）［2021 - 11 - 10］. https://www. cn - healthcare. com/article/20160620/content - 483659. html.

[2] 参见《药品管理法》第 30 条。

专利信息之日起算。为免延误后续程序，异议提出的时间规定以10个工作日为宜。异议人应以书面的形式提出异议，并附证明材料。异议人应分别向国家药品审评机构和药品上市许可持有人提交异议申请和证明材料。药品上市许可持有人有权就异议提出书面答辩意见（自收到异议申请之日起7个工作日内），并附证明材料，提交至国家药品审评机构，并寄送给异议人。国家药品审评机构结合异议人和药品上市许可持有人提交的材料进行审查，以书面审查为原则，口头审查为例外。经审查认定异议成立的，国家药品审评机构应及时更正已登记的相关信息，并予以公示；经审查认定异议不成立的，国家药品审评机构应驳回异议人的申请，通知药品上市许可持有人，并予以公示。

二、规定已登记专利信息的删除规则

毫无疑问，专利权在时间上不是无限的。这一规定的依据来源于对公共利益的考虑。[1] 依我国2020年修正的《专利法》第42条，药品专利的有效期是20年（自专利申请之日起算）。同时，为补偿新药上市审评审批占用的时间，该条款规定了专利权期限补偿规则。[2] 原因在于新药上市审评审批占用的时间过长，将实质上缩减药品专利的有效期。专利权期限补偿能够强化对于新药专利权人权益的保障，激励药品创新。而在药品专利有效期（含专利权期限补偿）满后，药品专利权就不受法律保护。故此种情形下，已登记的药品专利信息理应删除。

---

[1] 刘春田．知识产权法［M］．5版．北京：中国人民大学出版社，2014：205.

[2] 参见《专利法》（2020年修正）第42条第3款："为补偿新药上市审评审批占用的时间，对在中国获得上市许可的新药相关发明专利，国务院专利行政部门应专利权人的请求给予专利权期限补偿。补偿期限不超过五年，新药批准上市后总有效专利权期限不超过十四年。"

不仅如此，当仿制药申请人挑战专利成功，即药品专利权被宣告无效时，已登记的专利信息便失去了登记的依据，故此种情形下，已登记的药品专利信息也应予以删除。美国、加拿大和韩国均规定了已登记专利信息的删除规则。之所以规定该规则，主要是为保证已登记专利信息的准确性和有效性，以便仿制药申请人基于准确的信息作出专利声明。

综上所述，我国应规定已登记药品专利信息删除的规则，由国家药品审评机构负责删除符合条件的药品专利信息，并予以公示。

三、规定国家药品审评机构信息更新的时间

诚然，《中国上市药品目录集》中收录的药品信息并非一成不变。例如，登记的药品信息增多，已登记的药品信息发生更改，已登记的药品信息被删除等。定期更新并公示已登记药品信息的必要性与重要性不言而喻。在美国，美国 FDA 负责每月更新已登记药品的相关信息，并进行公开。

尽管《解决机制实施办法》第 4 条规定，在相关信息发生变更的情形下，药品上市许可持有人及时更新信息的义务（在信息变更生效后 30 日内完成），但仅更新其登记的信息，更新的范围有限。况且，依据《解决机制实施办法》，国家药品审评机构负责建立并维护中国上市药品专利信息登记平台，并公开已获批上市药品的相关专利信息。申言之，由国家药品审评机构更新较为适当。

虽然《中国药品上市目录集》及其使用指南规定，药品监督管理机构保证目录集内容准确和持续更新，保障数据库稳定运行，实现信息的及时公开，但并未规定更新的时间。总之，我国应当

规定已登记药品信息更新的时间，以及国家药品审评机构公开更新信息的义务。而时间的确定应综合考虑仿制药申请人及其他主体及时获取信息的需求，国家药品审评机构所需的完成时间等因素。

综上，通过比较分析可知，我国药品专利链接制度中的药品信息登记规则尚不完善，例如，异议程序缺乏可操作性，已登记药品专利信息的删除规则缺失，以及信息更新的时间不明等。为实现药品专利链接制度的有效运行，我国应对药品信息登记制度进行相应完善。

第二节 仿制药申请及药品专利声明规则的完善

仿制药申请及药品专利声明机制是启动药品专利链接制度的关键一环。其中，只有当仿制药申请人作出第四类专利声明时，才能启动药品专利纠纷早期解决机制。因此，仿制药申请人应当及时通知药品上市许可持有人，以便其及时提出异议。然而，我国现行的相关规定尚不完善。

一、明确仿制药申请人专利声明的通知时间

我国《解决机制实施办法》第 6 条规定的药品专利声明有四类（其中第四类声明是指：中国上市药品专利信息登记平台收录的被仿制药相关专利权应当被宣告无效，或者其仿制药未落入相关专利权保护范围），与美国 Hatch - Waxman 法案规定的专利声明类型基本相同。另外，该条规定了仿制药申请人的通知义务，即“仿制药申请人应当将相应声明及声明依据通知上市许可持有

人，上市许可持有人非专利权人的，由上市许可持有人通知专利权人。”但是，该条款没有规定仿制药申请人的通知时间。如果仿制药申请人迟延通知，就将影响上市许可持有人及时提出异议，进而将延误后继程序，延迟仿制药上市。诚然，药品的可及性也将受到不利影响。

为此，我国应当规定仿制药申请人通知上市许可持有人的具体时间。美国和韩国均规定了仿制药申请人的通知时间。其中，美国规定的通知时间是自申请提出之日起 20 天内；韩国规定的通知时间是自申请提出之日起的 30 天内。30 天的时间相对较长，就通知义务的履行而言，20 天的时间已足够（自仿制药申请人提出申请之日起 20 天）。此外，依据我国《解决机制实施办法》第 6 条之规定，当上市许可持有人非专利权人的，由其通知专利权人。可是，通知的时间并不明确，由此产生的一个问题是：上市许可持有人可能怠于通知或迟延通知专利权人，进而损及专利权人的合法权益，也不利于药品专利纠纷的解决。基于此，我国应同时规定上市许可持有人通知专利权人的时间（自上市许可持有人收到仿制药申请人的通知之日起 10 天）。

二、调整专利权人或利害关系人提出异议的起算时间

根据《解决机制实施办法》第 7 条之规定，专利权人或者利害关系人对四类专利声明有异议的，提起诉讼或行政裁决的时间为自国家药品审评机构公开药品上市许可申请之日起 45 日内。然而，专利权人或利害关系人（包括药品专利的被许可人、相关药品上市许可持有人）[1] 并不一定在药品上市许可公开之日就能知晓

---

[1] 参见《最高人民法院关于审理申请注册的药品相关的专利权纠纷民事案件适用法律若干问题的规定》第 2 条。

仿制药申请人的声明。换言之，专利权人或利害关系人可能临近期限届满，甚至期限届满才知晓仿制药申请人的声明，进而影响其诉讼或行政裁决的提起，损害其合法权益。

另外，《解决机制实施办法》第6条规定了仿制药申请人将声明及依据通知药品上市许可持有人的义务，以及当上市许可持有人和专利权人不统一时，上市许可持有人通知专利权人的义务。申言之，专利权人或作为利害关系人的上市许可持有人能知晓仿制药申请人提出的声明。但是，《解决机制实施办法》第7条规定的诉讼或行政裁决提起的起算时间为：自国家药品审评机构公开药品上市许可申请之日。显然，药品上市许可公开之日不同于仿制药申请人声明被药品专利权人或上市许可持有人知晓之日。

总之，为充分保障药品专利权人和利害关系人的权益，并为实现《解决机制实施办法》第6条与第7条规定的紧密衔接，我国应当调整药品专利权人或利害关系人提起诉讼或行政裁决的时间，可调整为：自药品专利权人或利害关系人知晓或应当知晓仿制药申请人声明之日起45日。

第三节 仿制药审批市场等待期制度的完善

仿制药审批等待期或遏制期的设置是为等待药品专利纠纷的裁决结果，以便于药品审批部门据此作出仿制药上市的行政评审。诚然，等待期过长将延误仿制药上市，反之则专利纠纷的裁决结果尚未作出。等待期的期间设置固然重要。另外，药品专利纠纷可能在等待期或遏制期届满前得到解决。因此，此种情形下，药品审批部门不必等到遏制期满再作出决定。

一、规定等待期延长的情形

依据《解决机制实施办法》第 8 条的规定，化学仿制药注册申请的等待期为 9 个月，自人民法院立案或者国务院专利行政部门受理之日起，且只设置一次。然而，从实际情况来看，发明专利纠纷的解决时限相对较长。据统计，2014 年一审专利侵权民事案件判决共计 474 件，除去无法准确统计案件周期的案件后，有效案件数为 269 件。其中，涉及发明专利 49 件。发明专利侵权纠纷案件的平均周期为 323 天，最长周期为 1837 天。[1] 显然，上述期限均超出了 9 个月的等待期。药品专利纠纷因其专业性、技术性和复杂性所需的时限更长。

如前所述，美国规定的仿制药审批遏制期是 30 个月，加拿大规定的遏制期是 24 个月，时间均长于 9 个月。如果等待期满，专利无效案件或专利侵权案件尚未审结（而最终的裁决结果为药品专利权有效，或化学仿制药申请人的声明落入相关专利权的保护范围），就批准仿制药上市，将严重损害原研药企业的权益。原因在于仿制药一旦上市，原研药的市场占有率就会下降（相比原研药，仿制药的价格更低）。而从仿制药申请人角度出发，绝大多数仿制药申请人在二审尚未审结时，基于对上市风险、市场稳定性和商业确定性的考量，也不会冒险上市。[2] 同时，为避免仿制药上市延迟影响药品的可及性，我国可维持 9 个月的等待期，但应规定等待期延长的具体情形。除此之外，针对现有专利无效程序设计

---

[1] 陈晓华．专利侵权案件“周期长”原因的实证分析［EB/OL］．（2019-06-14）［2021-12-15］．https://zhuanlan.zhihu.com/p/69124761.

[2] 程永顺，吴莉娟．探索药品专利链接制度［M］．北京：知识产权出版社，2019：125.

存在程序反复、审查审理周期过长等问题，可赋予法院在行政判决中直接判定专利权效力的权力，以此避免程序往复等问题。[1]

综上，为平衡专利权人或利害关系人，仿制药企业和公众的利益，我国应当规定等待期延长的具体情形。

二、规定等待期终止的情形

通过前述分析可知，在等待期内，药品专利无效或者侵权纠纷可能已得到妥善解决。例如，在等待期内，药品专利的有效期满，法院或国务院专利行政部门作出生效裁决，或双方当事人达成和解协议等。此种情形下，国务院药品监督管理部门就没有必要在等待期满后，才进行仿制药上市的行政审批。否则，仿制药上市将出现延迟。与此同时，在等待期内，原研药企业将维持其市场独占地位，并据以获取收益。而在原研药企业的垄断期内，原研药的价格维持在高位，将影响药品的可及性。

美国和韩国则专门规定了仿制药审批遏制期终止的具体情形。例如，遏制期内药品专利权的有效期满，法院作出药品专利权无效或不侵权的判决，专利权人撤诉或与仿制药申请人达成和解等。

综上，为避免延误仿制药上市，我国应当规定化学仿制药注册申请等待期终止的具体情形。具体情形可包括如下内容：第一，在等待期内，诉争药品的专利权有效期满；第二，在等待期内，人民法院或者国务院专利行政部门就专利纠纷作出生效裁决；第三，在等待期内，药品专利权人申请撤诉，且人民法院裁定批准；第四，在等待期内，药品专利权人与化学仿制药申请人

---

[1] 杜长辉，芮松艳，史兆欢，等．司法调研：中国药品专利链接制度研究［EB/OL］．（2020－09－22）［2021－12－20］．http://bjzcfy.chinacourt.gov.cn/article/detail/2020/09/id/5467546.shtml.

达成和解协议，且和解协议本身不违法。对于等待期终止的具体情形，我国宜应通过封闭式列举的方式予以规定，以为当事人和国务院药品监督管理部门提供确定的指引，并避免损害药品专利权人的权益。而一旦等待期或遏制期终止的情形出现，药品监督管理部门即可根据技术审评结论，直接作出是否批准仿制药上市的决定。

概言之，我国应当规定化学仿制药注册申请等待期终止的具体情形，以加快仿制药上市，增进药品的可及性。而为避免误用、滥用等待期终止情形损及原研药企业的权益，我国应以封闭式列举的方式规定等待期终止的情形。

第四节　首仿药市场独占期制度的完善

通过前述分析可知，市场独占期有益于补偿仿制药企业发起专利挑战所支付的费用，有利于激励仿制药企业发起专利挑战，有助于药品专利链接制度的有效实施。然而，因为市场独占期可能被滥用，所以有必要规制滥用市场独占期的行为。但是，我国对此缺乏规定，可以从多个方面进行完善。

一、拓展挑战专利成功的范围

我国《解决机制实施办法》第 11 条是关于市场独占期的具体规定。据此条款，享有市场独占期的是首个挑战专利成功并首个获批上市的化学仿制药。关于挑战专利成功，该条款规定，“挑战专利成功是指化学仿制药申请人提交四类声明，且根据其提出的宣告专利权无效请求，相关专利权被宣告无效，因而使仿制药可获批上市。”[1]

可是，根据《解决机制实施办法》第6条，第四类声明是指，中国上市药品专利信息登记平台收录的被仿制药相关专利权应当被宣告无效，或者其仿制药未落入相关专利权保护范围。显然，挑战专利成功的界定与第四类声明的内容并不一致。易言之，挑战专利成功并未涵盖声明仿制药未落入相关专利权保护范围，且获得法院有利判决的化学仿制药申请人。毫无疑问，该规定对于声明不构成专利侵权的仿制药申请人缺乏激励，也容易产生其他仿制药企业搭便车的现象。

如前所述，美国和韩国的药品专利链接制度均规定了市场独占期。其中，根据美国 Hatch - Waxman 法案的规定，享有市场独占期的主体是第一个提交含有第四段声明的 ANDA 申请，且挑战专利成功的仿制药申请人。而第四段声明的内容包括：相关专利无效或者仿制药申请人的行为不构成侵权。可见，依美国 Hatch - Waxman 法案的规定，享有市场独占期的主体，既包括第一个提交含有专利无效声明的 ANDA 申请，并挑战专利成功的仿制药申请人，又包括第一个提交含有不侵权声明的 ANDA 申请，且挑战专利成功的仿制药申请人。根据韩国药事法的规定，享有市场独占期的主体有：第一个挑战药品专利并获得成功的仿制药申请人；如果自在先请求人提出专利挑战的14天内发起专利挑战，并最先获得有利裁决的仿制药申请人。而申请独占上市批准的申请人应申请如下审判：专利无效；使专利期限延长登记无效；请求确认不落入登记药品专利权保护范围。[2] 可见，在韩国，依法享有市场独占期的主体也不限于申请专利无效审判的仿制药申请人。

---

[1] 参见《药品专利纠纷早期解决机制实施办法（试行）》第11条第2款。

[2] 苏冬冬．药品专利链接制度研究［D］．武汉：中南财经政法大学，2020：105.

综上，我国应当拓展挑战专利成功的范围，以与第四类声明相一致，促进仿制药产业的发展，提高药品可及性。挑战专利成功的范围还应包括：根据化学仿制药申请人提出的声明，仿制药被认定未落入相关专利权保护范围。

二、规定市场独占期的终止情形

诚然，享有市场独占期的主体可能怠于在独占期内上市销售仿制药，或滥用市场独占期，为促使其尽快上市首仿药，防止其滥用市场独占期，有必要规定市场独占期的终止情形。换言之，在特定情形下，首仿药申请人将丧失其所依法享有的市场独占期。

通过前述分析可知，美国和韩国均规定了市场独占期的终止情形。其中，美国法典第 21 编第 355（j）（5）（D）条规定了独占期丧失的 6 种情形：①第一申请人在获得批准之日起 75 天内或者自第一申请人提出申请之日起 30 个月内未将该仿制药投放市场；②撤销申请，第一申请人撤销申请或者秘书处认定因申请不符合第（4）款规定的条件，应当撤销；③修改专利声明；④自提交申请之日起的 30 个月内，第一申请人没有获得对其申请的临时批准（除非自申请提出后，未予临时批准的原因是申请批准的条件发生了变化）；⑤与另一申请人、登记专利药品的上市许可持有人或专利权人达成的协议违反美国的反垄断法；⑥专利保护期满。

韩国规定的市场独占期丧失的情形包括：①专利权无效宣告或不落入专利权保护范围的决定被撤销或推翻的；②获得市场独占销售权的首仿药申请人无正当理由，从销售可行之日起超过 2 个月未上市销售药品的；③韩国公平交易委员会或法院认定申请人违反垄断条例和公平贸易法的相关规定的；④通过欺诈或欺骗的手段获得市场独占销售权的。[1]

综上，我国应规定市场独占期终止的具体情形：①依法享有市场独占期的主体，无正当理由，自获得国务院药品监督管理部门批准之日起超过2个月未上市销售药品的；②专利权无效或未落入相关专利权保护范围的裁决被撤销或推翻的；③化学仿制药申请人通过欺诈方式获得市场独占期的；④化学仿制药申请人的行为被认定为违法的，例如签订药品专利反向支付和解协议。

三、规制药品专利反向支付和解协议

药品专利反向支付和解协议是指在药品专利侵权诉讼中，由作为原告的品牌药公司（专利权人）为达到和解目的对作为被告的仿制药公司（被诉侵权人）进行的经济补偿，而不是传统意义上的由被诉侵权人向专利权人进行支付。[2] 由于反向支付和解协议往往要求接受支付的一方禁止从事某些特定的竞争行为。[3] 因此，反向支付和解协议可能因不合理地限制竞争而违反反垄断法。原研药企业也将维持垄断地位，限制或延误仿制药的上市，降低药品的可及性。欧盟、美国均确立了药品专利反向支付和解协议违法性的认定标准。

为规制利用药品专利反向支付和解协议实施的垄断行为，避免药品专利链接制度的目的落空，我国应当规制药品专利反向支

---

[1] 苏冬冬．药品专利链接制度研究［D］．武汉：中南财经政法大学，2020：105，106.

[2] 刘立春．从 ***FTC v. Actavis*** 案看美国“反向支付和解协议的反垄断法律适用”的争议［J］．电子知识产权，2019（9）：65.

[3] 宋建宝．专利诉讼反向支付和解协议的反垄断审查：美国的规则与实践［J］．知识产权，2014（2）：91.

付和解协议，即确立药品专利反向支付和解协议违法的认定标准。

（一）欧盟确立的药品专利反向支付和解协议的违法性认定标准

欧盟委员会明确了药品专利反向支付和解协议是否违反欧盟竞争法的认定标准，并予以适用。而欧盟普通法院在案件审理中，对于欧盟委员会确立的药品专利反向支付和解协议违法性的认定标准作出了具体解释。

1. 欧盟委员会确立的药品专利反向支付和解协议的违法性认定标准

2008 年 1 月，欧盟委员会发起了一项针对医药行业的调查，聚焦原研药企业和仿制药企业之间的竞争，尤其是影响或者延迟仿制药上市的行为，包括和解协议。2009 年 7 月 8 日，欧盟委员会公布了最终的调查结果。在该调查报告中，欧盟委员会就药品专利反向支付和解协议合法性的认定提供了指引，特别是反向支付和解协议。药品专利反向支付和解协议是解决事实上的和潜在的专利相关纠纷的商业协议，例如专利侵权或专利的有效性。[1] 欧盟委员会以仿制药上市是否受限及原研药企业是否向仿制药企业进行价值转移作为标准，将专利反向支付和解协议区分为四种类型，如图 5－1 所示。[2]

---

[1] European Commission. 2nd Report on the Monitoring of Patent Settlements (period: January－December 2010) [EB/OL]. (2011－07－06) [2021－01－12]. https://ec.europa.eu/competition/sectors/pharmaceuticals/inquiry/patent_settlements_report1.pdf.

[2] European Commission. Pharmaceutical Sector Inquiry Final Report [EB/OL]. (2009－17－17) [2021－09－10]. https://date.consilium.europa.eu/doc/documents/ST－12097－2009－ADD－1/en/pdf.

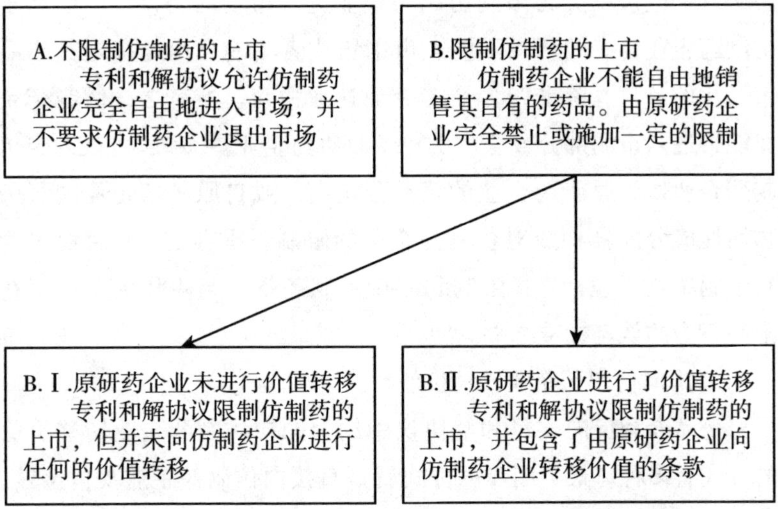

图 5－1 专利和解协议的类型

欧盟委员会认为一般情形下，A 类及 B. Ⅰ类和解协议违反欧盟竞争法的可能性较低，因为两类和解协议既未限制仿制药企业进入市场，也不存在原研药企业向仿制药企业的价值转移行为。然而，欧盟委员会认为 B. Ⅱ类的和解协议极有可能存在问题，特别是如果仿制药企业同意限制进入市场以获取自原研药企业转移的价值。需要注意的是，欧盟委员会对于“限制上市”和“价值转移”采取了广义的解释。

（1）限制仿制药企业进入市场

诚然，原研药企业对于仿制药企业进入市场的限制方式有多种。最为直接的方式就是在和解协议中明确约定，仿制药企业不挑战原研药企业专利的有效性（不挑战条款），并承诺在专利有效期届满之前不进入市场（不竞争条款）。即使原研药企业给予仿制药企业以特定药品的专利许可，允许仿制药企业进入市场，此和解协议仍应被归类为限制仿制药企业进入市场的协议。原因在于仿制药企业自有的药品不能上市销售或者不能自由地决定其产品市场化的条件，除非与原研药企业达成协议。换言之，仿制药企业能否进入市场部分或全部受控于原研药企业。❶ 和解协议约定仿制药企业作为原研药企业的药品分销商，或自原研药企业购买药物活性成分同样构成对仿制药企业的限制。质言之，和解协议含有限制条款（包括直接限制和间接限制条款）与否作为是否存在限制行为的认定标准之一。

（2）向仿制药企业转移价值

药品专利反向支付和解协议中约定的向仿制药企业转移价值的方式有多种。最为明显的方式就是直接向仿制药企业支付金钱。依据和解协议，金钱支付的目的包括向仿制药企业购买资产，例如仿制药企业的库存产品，还包括向仿制药企业支付其延迟药品上市销售或不再提起专利无效之诉的补偿。其他方式的价值转移包括分销协议，即仿制药企业成为原研药企业的分销商；或单边协议，即原研药企业给予仿制药企业商业利益，例如，许可仿制药企业在药品专利期满之前进入另一个地域的市场。此外，价值转移的方式包括授予仿制药企业专利许可。尽管依据专利许可仿制药企业能够进入市场，但是，仿制药企业的商业自由受到了许可合同条款的限制。上述所列价值转移的可能方式并未穷尽。❷ 简

---

❶ European Commission. 4th Report on the Monitoring of Patent Settlements (period: January - December 2012) [EB/OL]. (2013 - 12 - 09) [2021 - 01 - 18]. https://ec. europa. eu/competition/sectors/pharmaceuticals/archive/patent_settlements_report4_en. pdf.

❷ European Commission. 2th Report on the Monitoring of Patent Settlements (period: January - December 2010) [EB/OL]. (2011 - 07 - 06) [2021 - 01 - 20]. https://ec. europa. eu/competition/sectors/pharmaceuticals/inquiry/patent_Settlements_report 1. pdf.

言之，虽然价值转移的形式多样，但究其实质即为向仿制药企业授予了利益。

此外，欧盟委员会认为以下和解协议存在潜在问题：①和解协议限制仿制药企业进入市场，而对仿制药企业施加的限制超出了相关药品专利的保护范围；②和解协议限制仿制药企业进入市场，而专利权人知晓获得授权的专利不符合专利授权标准，例如，专利的授权是基于错误的、误导性的或不完整的信息。[1] 可见，尽管专利权是合法的垄断，但权利的行使不应超出法定的范围，且权利的取得应符合法律规定，不能作为利用和解协议实施不当限制竞争行为的工具。

综上，欧盟委员会以和解协议是否限制仿制药企业进入市场，以及原研药企业是否向仿制药企业转移价值作为违反欧盟竞争法与否的认定标准。两个标准需要同时满足。另外，由上可知，欧盟委员会对于限制进入和转移价值均作出了广义解释。广义解释本身除具有灵活性之外，亦存不确定性，需要通过具体适用加以明确。

2. 欧盟委员会对于药品专利反向支付和解协议违法性认定标准的适用

2013 年 6 月，欧盟委员会发布了关于药品专利反向支付和解协议的第 1 个决定。此后，欧盟委员会相继公布了关于其他 2 个专利反向支付和解协议的决定。3 个决定无一例外地适用了欧盟委员

---

[1] European Commission. 4th Report on the Monitoring of Patent Settlements (period: January – December 2012) [EB/OL]. (2013 – 12 – 09) [2021 – 01 – 20]. https://ec.europa.eu/competition/sectors/pharmaceuticals/archive/patent_settlements_report4_en.pdf.

会确立的违法性认定标准，但并非仅仅适用以上 2 个标准。

（1）Lundbeck 公司与仿制药企业达成的反向支付和解协议

灵北制药公司（以下简称“Lundbeck 公司”）是药品西酞普兰（citalopram）及其制造方法的专利权人。早在 2000 年 Lundbeck 公司就开始生产西酞普兰，并以“Celexa”和“Cipramil”为其商品名进行销售。2002 年，药品西酞普兰的专利保护期届满。部分仿制药企业准备向市场销售西酞普兰的仿制药。Lundbeck 公司随即向仿制药企业提起了侵权之诉，主张仿制药企业侵犯了西酞普兰制造方法的专利权。当事方最终于 2002 年达成了和解协议，由 Lundbeck 公司向仿制药企业付款，Lundbeck 公司同意购买仿制药企业的库存药品，并通过分销协议承诺向仿制药企业进行利润分成。作为交换，仿制药企业承诺不向市场销售西酞普兰的仿制药。

欧盟委员会认为，当某项和解协议约定仿制药企业退出或在特定期间内不进入市场，而原研药企业向仿制药企业支付大量金钱时，此协议不论是否为专利和解协议，都应依据欧盟竞争法进行审查。在决定中，欧盟委员会认定 Lundbeck 公司与仿制药企业之间的和解协议被推定违法（目的具有限制竞争性），故其并未评估协议本身是否具有不正当竞争效果。欧盟委员会主要基于如下理由作出决定：①Lundbeck 公司和仿制药企业至少在达成和解协议时，存在潜在的竞争关系；②依据和解协议，原研药企业向仿制药企业进行了大量的价值转移；③价值转移和仿制药企业承诺特定时间内不与 Lundbeck 公司在欧盟市场竞争存在关联。2013 年 6 月，欧盟委员会认定 Lundbeck 公司就其药品西酞普兰达成的和解协议违反了《欧盟运行条约》第 101 条❶，并对 Lundbeck 公司处以 9380 万欧元的罚款，对 4 家仿制药企业共处以 5220 万欧元的罚款。❷

（2）Janssen - Cilag 公司与 Sandoz 公司达成的反向支付和解协议

杨森制药公司（以下简称“Janssen - Cilag”）是强生公司的荷兰子公司，后者是止痛药芬太尼（fentanyl）的专利权人。山德士制药公司（以下简称“Sandoz 公司”）作为一家仿制药企业，是诺华公司的荷兰子公司，也是强生公司在荷兰市场最主要的竞争对手之一。2005 年，强生公司就芬太尼在荷兰享有的专利保护期届满。同时，Sandoz 公司准备在荷兰市场销售芬太尼的仿制药，且已生产了必要的包装材料。然而，2005 年 7 月，Janssen - Cilag 公司与 Sandoz 公司签订了一份共同推广协议。据此协议，Sandoz 公司不向市场销售芬太尼的仿制药。作为回报，Janssen - Cilag 公

❶ 参见《欧盟运行条例》第 101 条的规定，其英文原文如下：
1. The following shall be prohibited as incompatible with the internal market: all agreements between undertakings, decisions by associations of undertakings and concerted practices which may affect trade between Member States and which have as their object or effect the prevention, restriction or distortion of competition within the internal market, and in particular those which:
(a) directly or indirectly fix purchase or selling prices or any other trading conditions;
(b) limit or control production, markets, technical development, or investment;
(c) share markets or sources of supply;
(d) apply dissimilar conditions to equivalent transactions with other trading parties, thereby placing them at a competitive disadvantage;
(e) make the conclusion of contracts subject to acceptance by the other parties of supplementary obligations which, by their nature or according to commercial usage, have no connection with the subject of such contracts.

❷ CLANCY M J, GERADIN D, LAZEROW A. Reverse - payment patent settlements in the pharmaceutical industry: An analysis of U. S. antitrust law and EU competition law [J]. The Antitrust Bulletin, 2014, 59 (1): 169.

司同意按月向 Sandoz 公司付款。事实上，Janssen – Cilag 公司每月支付的金额超出了 Sandoz 公司销售芬太尼仿制药的预期利润。该协议于 2006 年 12 月终止，当时第三方准备上市销售芬太尼的仿制药。

欧盟委员会认为合作推广协议是以限制竞争为目的。原因在于原研药企业 Janssen – Cilag 公司向其主要的竞争对手 Sandoz 公司转移价值，以使得 Sandoz 公司不向市场销售芬太尼的仿制药。同时，欧盟委员会注意到 Janssen – Cilag 公司向 Sandoz 公司支付的金额超出了 Sandoz 公司销售芬太尼仿制药的预期利润。因此，合作推广协议本质上属于药品专利反向支付和解协议。该协议延迟仿制药上市达 17 个月之久，人为导致了芬太尼在荷兰以高价销售，损害了患者和纳税人的权益。2013 年 12 月，欧盟委员会认定，Janssen – Cilag 公司与 Sandoz 公司所签订的协议违反了《欧盟运行条约》第 101 条，并向 Janssen – Cilag 公司和强生公司处以 1079.8 万欧元的罚款，对 Sandoz 公司和诺华公司处以 549.3 万欧元的罚款。❶

（3）Servier 公司与仿制药企业达成的反向支付和解协议

施维雅制药公司（以下简称“Servier 公司”）是法国的原研药企业，也是药品培哚普利（perindopril）的专利权人。该专利的有效期于 2003 年届满。仿制药企业准备进入市场。然而，Servier 公司拥有培哚普利制造方法的绝大多数专利，并在 2004 年购买了一项较为先进的培哚普利的制造方法专利，迫使仿制药企业不得不停止培哚普利仿制药的上市。为此，部分仿制药企业决定提起专

❶ Case COMP/AT 39685 Perindopril Commission decision of 10 December 2013 [EB/OL]. [2021 – 02 – 16]. https://ec.europa.eu/commission/presscorner/detail/en/mex_13_1211.

利无效之诉。2005～2007 年，每当仿制药企业接近进入市场时，Servier 公司就与该仿制药企业达成和解协议。Servier 公司先后与 5 家仿制药企业达成了和解协议。依据协议，Servier 公司向仿制药企业支付大量金钱。仿制药企业同意不进入市场，从而避免与 Servier 公司竞争。

欧盟委员会认为，Servier 公司与其存在竞争的仿制药企业达成了就药品培哚普利限制竞争的合意。而作为策略的一部分，Servier 公司获得了与其存在竞争关系企业所有的培哚普利的制造方法专利。上述行为旨在使得 Servier 公司就专利保护期届满的药品培哚普利保有市场支配地位。此外，欧盟委员会专门就 Servier 公司的以下行为提出了反对意见，第一，Servier 公司获得了为数不多的培哚普利的制造方法，致使仿制药企业更难进入市场或延迟进入市场；第二，Servier 公司通过诱使存在竞争关系的仿制药企业与其签订专利和解协议，不当地维持其市场独占地位。上述行为违反了《欧盟运行条约》第 101 条和第 102 条[1]之规定。2014 年 7 月，欧盟委员会认定，Servier 公司与 5 家仿制药企业签订的和

---

[1] 参见《欧盟运行条约》第 102 条，其英文原文如下：

Any abuse by one or more undertakings of a dominant position within the internal market or in a substantial part of it shall be prohibited as incompatible with the internal market in so far as it may affect trade between Member States.

Such abuse may, in particular, consist in:

(a) directly or indirectly imposing unfair purchase or selling prices or other unfair trading conditions;

(b) limiting production, markets or technical development to the prejudice of consumers;

(c) applying dissimilar conditions to equivalent transactions with other trading parties, thereby placing them at a competitive disadvantage;

(d) making the conclusion of contracts subject to acceptance by the other parties of supplementary obligations which, by their nature or according to commercial usage, have no connection with the subject of such contracts.

解协议违反了欧盟的反垄断规则，并向 Servier 公司和仿制药企业共处以 4.277 亿欧元的罚款。[1]

总之，欧盟委员会在认定专利反向支付和解协议是否违法时，将原研药企业是否限制仿制药企业进入市场和是否向仿制药企业转移价值为依据，两者必须同时满足，缺一不可。必须注意的是，价值转移的程度应当符合特定要求。上述事例中，原研药企业均向仿制药企业进行了大量的价值转移（其中，欧盟委员会以仿制药企业在仿制药上市销售时的预期利润为参照）。而美国联邦最高法院在 Actavis 推论中提出了构成反向支付的一个标准，即“数额巨大且没有合理解释”。[2]

不仅如此，欧盟委员会注重协议是否以限制竞争为目的，其主要从协议的内容、当事方的市场地位和协议的影响等方面进行判定。所不同的是，在第 1 个决定中，欧盟委员会推定协议具有限制竞争目的；在第 2 个和第 3 个决定中，欧盟委员会基于协议签订后的效果认定协议具有限制竞争目的。概言之，尽管存在差异，但欧盟委员会在认定药品专利反向支付和解协议是否违法时，均将协议的目的、是否限制仿制药企业进入市场，以及是否向仿制药企业转移价值作为判断因素。

3. 欧盟普通法院关于药品专利反向支付和解协议违法性的判定因素

2013 年 8 月 28 日，Lundbeck 公司与作为和解协议当事方的所有的仿制药企业就欧盟委员会作出的决定分别向欧盟普通法院提

---

[1] Case COMP/AT. 39612 – Perindopril (servier) Commission decision of 9 July 2014 [EB/OL]. [2021-02-20]. https://ec.europa.eu/competition/antitrust/cases/dec_docs/39612/39612_10972_5.pdf.

[2] 相靖. 美国药品专利反向支付问题的反垄断法规制研究 [J]. 知识产权，2019 (11): 91-92.

起上诉。上诉的仿制药企业包括兰伯西实验室有限公司（以下简称“Ranbaxy Laboratories 公司”）及其子公司 Ranbaxy（UK）公司。[1] 上诉理由有四项：第一，案涉协议不具有限制竞争的目的；第二，欧盟委员会对于潜在竞争关系的认定存在错误；第三，欧盟委员会对于案涉协议的解释存在明显错误；第四，罚款是不正当的且比例失衡。可见，上诉理由的重点即为上诉人之间签订的药品专利反向支付和解协议并不违法。

2016 年 9 月 8 日，欧盟普通法院就太阳药业有限公司、Ranbaxy（UK）公司诉欧盟委员会一案作出了判决。欧盟普通法院基于上诉人的主张、被上诉人（欧盟委员会）的抗辩，以及双方提供的证据，逐一审查了四个上诉理由，并最终对诉争和解协议是否违法作出了判定。

（1）案涉协议是否具有限制竞争的目的

欧盟普通法院结合《欧盟运行条约》第 101（1）条[2]之规定，相关判例例如，*CB v Commission* 案，*Société Technique Minière*（*L. T. M.*）*Maschinenbau Ulm GmbH*（*M. B. U.*）案，*Allianz Hungária Biztosító Zrt* and Others *v Gazdasági Versenyhiva tal* 案，以及案件事实和证据就协议的目的作出了认定。

---

[1] Ranbaxy Laboratories 公司于 2015 年 3 月 25 日与太阳药业有限公司（Sun Pharmaceuticals Industries Ltd）合并，合并为 Sun Pharmaceuticals Industries Ltd；Ranbaxy（UK）公司原为 Ranbaxy Laboratories 公司的子公司，在 Ranbaxy Laboratories 公司与太阳药业有限公司合并后，成为太阳药业有限公司的子公司。

[2] 参见《欧盟运行条约》第 101（1）条：“以下与内部市场不相容的情形应当被禁止：企业之间达成的所有协议、企业协会的决定或相关行为等如其目的或效果是防止、限制或扭曲内部市场的竞争，特别是：（a）直接或间接地固定购买或销售价格，或任何其他贸易条件；（b）限制或控制生产、市场、技术发展或投资；（c）共享市场或供应来源；（d）在与其他贸易伙伴的同等交易中，适用不同的条件，致使部分贸易伙伴处于竞争上的不利地位；（e）使得合同的达成以其他当事方接受补充义务为条件，而补充义务依据商业习惯或其性质，与合同无关。”

欧盟普通法院认为，如果特定类型的合作协议明显损及竞争，就没有必要评估协议的影响。基于相关判例查明的事实，特定类型的协议本身就损及正当竞争的正常功能。因此，特定的共谋行为，如导致横向价格固定的卡特尔或者构成将某些竞争者排挤出市场，将极有可能被视为具有不利影响，尤其是对价格、商品或服务的数量或质量，故而依据《欧盟运行条约》第101（1）条的适用目标，再行证明其对于市场的实际影响，就显得多余。结合既有判例，上述行为将导致生产的减少和价格的上涨、不利于资源的分配，尤其不利于消费者的权益。[1] 质言之，若协议本身明显地损及正当竞争，则无需证实协议的实际影响。易言之，欧盟普通法院支持在特定情形下推定协议违法。而为证成协议具有限制竞争性，以及构成《欧盟运行条约》第101（1）条规定的限制竞争目的，应当考量协议条款内容、协议目标，以及其签订的经济、法律背景。其中，受影响的货物、服务的性质，以及市场结构和功能的实际情况均为应当予以考虑的必要内容。另外，尽管当事方的目的并非确定协议是否具有限制竞争性的必要因素，但也没有禁止竞争主管部门、成员国的法院或欧盟法院考虑该因素。[2]至此，欧盟普通法院提出了在认定协议是否具有限制竞争性的判断因素，并说明了将当事方签订协议的目的作为判断因素的理由。

诚然，不是所有的药品专利反向支付和解协议均存在竞争法方面的问题，但要求作为潜在竞争对手的另一当事方在特定期间内不进入市场，并由专利权人向被诉侵权的仿制药企业转移价值的协议是存在问题的。即使诉争的和解协议约定的限制是在Lundbeck公司就药品西酞普兰享有的专利权保护范围内，协议依

[1][2] Case No. T－460/13，*Ranbaxy Labs. & Ranbaxy* （*UK*） *v. Comm'n* ［EB/OL］.［2021－03－06］. https://curia. europa. eu/.

然具有限制竞争的目的，特别是其防止或使得在成员国法院对于Lundbeck公司提起的专利无效之诉失去意义。案涉的和解协议使得诉讼结果的不确定性转变为仿制药企业不进入市场的确定性。[1]换言之，欧盟普通法院认为，药品专利反向支付和解协议的目的独立于专利的保护范围，专利权不能作为协议限制竞争目的的豁免事由。就该案而言，欧盟普通法院认定案涉和解协议具有限制竞争的目的。

（2）Lundbeck公司与仿制药企业之间是否具有潜在的竞争关系

上诉人主张彼此之间不是潜在的竞争对手，旨在排除《欧盟运行条约》第101（1）条的适用，进而否认协议具有限制竞争目的。欧盟普通法院认为，为确定企业之间是否为市场上的潜在竞争对手，欧盟委员会应当确认如果不存在诉争的药品专利反向支付和解协议，该案的仿制药企业是否有机会进入市场，并与既有企业相竞争。以上事实不能仅仅基于假设，应当有相关的证据或对于相关市场的结构分析予以支持。当然，尽管企业进入市场的目的也是认定其是否为市场潜在竞争者的因素之一，但确定其是否为市场的潜在竞争者的关键因素仍为其是否有能力进入该市场。

结合欧盟委员会提交的证据及抗辩，能证实上诉人拥有未侵犯Lundbeck公司专利的药品西酞普兰的生产方法，具备年产4.5吨西酞普兰仿制药的能力，且已向德国、英国的相关部门提出了上市申请；Lundbeck公司知晓该生产方法；上诉人准备和Lundbeck公司达成和解协议。基于上述事实，欧盟普通法院支持了欧盟委员会的结论，即在案涉协议签订时，上诉人已处于与Lundbeck公司

---

[1] Case No. T－460/13，*Ranbaxy Labs. & Ranbaxy*（*UK*）*v. Comm'n*［EB/OL］.［2021－03－06］. https://curia. europa. eu/.

进行潜在竞争的地位。❶

（3）欧盟委员会对于案涉协议的解释是否存在错误

上诉人主张，欧盟委员会对于案涉协议的解释过于宽泛，即和解协议使得 Lundbeck 公司通过支付大量的金钱，能获得比实施西酞普兰生产方法专利更多的利益。而依据该案中的和解协议第 1.1 条❷约定的义务，协议使得 Lundbeck 公司与通过向上诉人提起专利侵权之诉，并且胜诉获得的结果相同。另外，协议约定了准据法，即瑞典的法律，而欧盟委员会并未说明瑞典法律中规定的合同解释原则。显然，上诉人最终目的是否认和解协议的违法性，认为和解协议约定的内容是在 Lundbeck 公司享有的专利权保护范围之内。

根据瑞典的相关法律规定，合同解释应当先从协议的文本出发，并结合订立背景及当事人的缔约目的。欧盟普通法院认为，协议文本中使用了“任何……方法”的表述，基于此，方法不仅包括在案涉协议签订时上诉人已经使用的生产方法，还包括上诉人后续可能研发出的其他生产方法。如果协议的当事人旨在限制上诉人就西酞普兰生产方法申请专利的义务范围，那么当事人会运用更为适宜的表述，而非宽泛的表述。案涉协议签订的背景印证了上述解释。依现有证据，实质上，Lundbeck 公司旨在延误西酞普兰的仿制药上市销售，以为其新药 Cipralex 的上市销售营造良好的条件。事实上，如果 Lundbeck 公司并未确定在协议有效期内

---

❶ Case No. T－460/13，*Ranbaxy Labs. & Ranbaxy（UK）v. Comm'n*［EB/OL］.［2021－03－06］. https://curia.europa.eu/.

❷ 参见该案中的和解协议第 1.1 条：“依据协议条款，且基于 Lundbeck 公司支付的和解费用，Ranbaxy Laboratories 公司不应就前述列明的专利或 Ranbaxy Laboratories 公司使用的任何生产方法主张任何专利权，且应当在协议有效期内取消、停止并防止生产或销售协议约定的药品（特别是在欧洲）。”

上诉人不会上市销售西酞普兰的仿制药，Lundbeck 公司就不会与上诉人签订成本如此高昂的协议。[1] 由此，欧盟普通法院认为，欧盟委员会对于协议的解释并无不当，并强调了案涉协议的限制竞争目的。

（4）美国联邦最高法院在 *F. T. C. v. Actavis Inc* 案中确立的合理原则是否适用

上诉人主张在 *F. T. C. v. Actavis Inc* 案中，美国联邦最高法院认定专利反向支付和解协议本身不违反美国的反垄断法，其违法性的认定应当遵循合理原则。[2] 而药品专利反向支付和解协议本身不违法与不违反《欧盟运行条约》第 101（1）条规定的限制性目的相对应。

欧盟普通法院认为，即使上诉人援引了美国联邦最高法院 *F. T. C. v. Actavis Inc* 案，欧盟委员会作出的诉争决定与美国联邦最高法院不同是完全正当的。原因在于，*Atlantic Container Line and Others v Commission* 案确立了一项原则，即“根据美国法采信的主张不能优先于根据欧盟法采信的主张”。[3] 换言之，欧盟法优先于美国法适用。此外，在 *F. T. C. v. Actavis Inc* 案中，基于多数法官的意见，美国联邦最高法院明确提出，协议落入专利保护范围的事实不能使其豁免于反垄断诉讼。

另外，美国相关立法中并没有限制性目的的概念，且限制性

---

[1] Case No. T－460/13，*Ranbaxy Labs. & Ranbaxy（UK）v. Comm'n*［EB/OL］.［2021－03－06］. https://curia. europa. eu/.

[2] 合理原则涉及对行为有利于竞争和不利于竞争效果予以权衡的逐案分析。JOSHUA P D. Applying litigation economics to patent settlements：why reverse payments should be per se illegal［J］. Rutgers Law Journal，2009（41）：273.

[3] *Atlantic Container Line and Others v Commission*，T 191/98 and T 212/98 to T 214/98，ECR，EU：T，245，1407：2003.

目的不能等同于本身违法。原因在于《欧盟运行条约》第101(3)❶条为限制性目的规定了例外情形，将美国法律中的“合理原则”等同于《欧盟运行条约》第101（1）条规定的“影响”标准失当。不仅如此，诉争决定的作出并非基于假设，而是通过分析协议（例如协议的内容和缔约背景）得出了案涉协议具有限制竞争目的的结论。❷显然，欧盟普通法院认为不应适用美国判例法确立的本身违法原则和合理原则，案涉协议是否具有限制竞争目的，应基于对协议本身的分析。

（5）专利权能否为协议的限制竞争目的提供豁免

美国的司法实践确立了“专利保护范围”作为判断药品专利反向支付和解协议是否违反其反垄断法的标准。范围标准最早可以追溯至美国联邦第六巡回上诉法院在 *In re Cardizem CD Antitrust Litigation*❸案的判决。该案中，美国联邦第六巡回上诉法院判处的惩罚措施只针对超出专利保护范围的行为。在 *Valley Drug Co. v. Geneva Pharmaceuticals Inc*❹案中，美国联邦第十一巡回上诉法院推翻了美国联邦地区法院的判决（美国联邦地区法院认定涉及抗压药品的专利反向支付和解协议本身违法），要求“考虑专利的独占范围、协议条款超出专利独占范围的程度，以及协议的限制竞

---

❶ 参见《欧盟运行条约》第101（3）条：“第1款的规定不适用于以下情形：如果企业之间的任何协议、企业协会的任何决定或任何一贯的实践有利于增加货物的生产或分配、促进经济或技术进步，同时确保消费者分享由此带来的利益，并且没有（a）向企业施加与达成上述目标无关的限制；（b）实质上消除企业之间的产品竞争”。

❷ Case No. T－460/13, *Ranbaxy Labs. & Ranbaxy*（*UK*）*v. Comm'n*［EB/OL］.［2021－03－06］. https://curia. europa. eu/.

❸ 332 F. 3d 896（6th Cir. 2003）.

❹ 344 F. 3d 1294（1lth Cir. 2003）.

争效果。”[1] 在 *In re Tamoxifen Citrate Antitrust Litigation*[2] 案中，美国联邦第二巡回上诉法院判定，只要“专利诉讼既不是虚假的，也并非缺乏基础”或没有超出专利权的范围，专利权人能通过达成和解协议的方式保护其已获得的权利——对专利产品生产和销售的合法垄断。[3] 在 *F. T. C. v. Watson Pharmaceuticals Inc*[4] 案中，美国联邦第十一巡回上诉法院提出，“专利权人和任何挑战者不能达成排除竞争程度超出专利权所允许范围的协议。”[5] 质言之，上述的判例中，专利权的独占范围成为药品专利反向支付和解协议的避风港。无一例外，上述判例中，主审法院均假定药品专利权是有效的。诚然，当药品专利权无效时，独占范围便不复存在。该标准的适用自然缺乏基础。此外，上述法院均忽略了侵权问题。专利确权与侵权的根本区别在于举证责任的承担，在专利侵权案件中，专利权人应当举证证明侵权行为的存在。[6]

而在 *F. T. C. v. Actavis Inc*[7] 案中，美国联邦最高法院基于多数法官的意见否定了美国联邦第十一巡回上诉法院的认定标准，即

---

[1] Case No. T－460/13，*Ranbaxy Labs. & Ranbaxy*（*UK*）*v. Comm'n*［EB/OL］.［2021－03－06］. https://curia. europa. eu/；Schering－Plough Corp. v. FTC，402 F. 3d 1056，1066（11th Cir. 2005）（focusing on “（1） the scope of the exclusionary potential of the patent；（2） the extent to which the agreements exceed that scope；and（3） the resulting anticompetitive effects”）.

[2] 466 F. 3d 187（2d Cir. 2006）.

[3] Case No. T－460/13，*Ranbaxy Labs. & Ranbaxy*（*UK*）*v. Comm'n*［EB/OL］.［2021－03－06］. https://curia. europa. eu/.

[4] 677 F. 3d 1298（11th Cir. 2012）.

[5] Case No. T－460/13，*Ranbaxy Labs. & Ranbaxy*（*UK*）*v. Comm'n*［EB/OL］.［2021－03－06］. https://curia. europa. eu/.

[6] CARRIER M A. Why the “scope of the patent” test cannot solve the drug patent settlement problem［J］. Stanford Technology Law Review，2012（16）：7.

[7] 133 S. Ct. 2223（2013）.

协议只要在专利权的独占范围之内，就被视为合法。[1] 美国联邦最高法院也否定了其他更为严苛的规则，如美国联邦第六巡回上诉法院在 *In re Cardizem CD Antitrust Litigation*[2] 案中确立的本身违法原则，以及美国联邦贸易委员会主张的快速审查原则。[3] 最终，美国联邦最高法院基于多数法官的意见，裁定药品专利反向支付和解协议虽然本身并不违法，但不能豁免于反垄断审查，受理该类案件的各级法院应适用反垄断法以“合理原则”进行反垄断分析后再作出判决。[4]

欧盟普通法院提出，尽管成员国依法授予的专利权不受《欧盟运行条约》第 101 条的影响，但专利权的实施应符合该条款规定的条件。毫无疑问，专利权的实施离不开市场行为。同样地，欧盟法院在 *Windsurfing International v Commission* 案中判定，尽管欧盟委员会无权决定专利权的范围，但当专利权的范围与确定协议目的是否违反《欧盟运行条约》第 101 条及第 102 条相关时，欧盟委员会有权采取必要措施。[5] 进言之，欧盟普通法院认定，根据以上判例所确立的原则，专利权有效的假设不能等同于专利权

---

[1] Actavis，133 S. Ct. at 2237 – 38.

[2] 332 F. 3d 896，907 – 09（6th Cir. 2003）（There is simply no escaping the conclusion that the ［reverse payment］ Agreement，all of its other conditions and provisions notwithstanding，was，at its core，a horizontal agreement to eliminate competition in the market for Cardizem CD throughout the entire United States，a classic example of a *per se* illegal restraint of trade.）

[3] CRANE D A. Actavis，the reverse payment fallacy，and the continuing need for regulatory solutions ［J］. Minnesota Journal of Law，Science & Technology，2014（15）：51.

[4] 刘立春. 从 *F. T. C. v. Actavis* 案看美国“反向支付和解协议的反垄断法律适用”的争议［J］. 电子知识产权，2019（9）：64.

[5] *Windsurfing International v Commission*，193/83，ECR，EU：C：1986：75，paragraph 26.

人主张侵犯其专利权的上市仿制药品被推定违法。相应地，该案中 Lundbeck 公司应当举证证明上市的仿制药品侵犯了其方法专利，仿制药企业进入市场本身并不违法。[1]

从中不难看出，欧盟普通法院严格地区分了专利法和《欧盟运行条约》的适用情形，并未将专利权的保护范围作为免于适用《欧盟运行条约》的事由。进言之，欧盟普通法院强调专利权有效的假设不能等同于推定侵犯专利权。

总之，在 *Ranbaxy Labs. & Ranbaxy*（*UK*）*v. Comm'n* 案中，欧盟普通法院认定案涉药品专利反向支付和解协议是否违法时并未采用本身违法原则，而是采用合理原则，即从协议本身的目的出发，并结合欧盟委员会确立的两个因素（原研药企业是否限制仿制药企业进入市场，是否向仿制药企业转移价值）予以认定。而对于协议本身是否具有限制竞争目的，欧盟普通法院主张结合协议条款内容、协议目标，及其签订的经济、法律背景加以判定。

（二）美国关于药品专利反向支付和解协议的违法性认定标准

美国最早建立了药品专利链接制度。然而，在实践中出现了药品专利权人与获得 180 天市场独占期的仿制药申请人达成药品专利反向支付和解协议，以延迟仿制药上市，维持原研药企业的市场垄断地位的情形。

例如，“安得乐凝胶”的专利权人苏威制药（Solvay Pharmaceuticals）与其他三家仿制药企业——阿特维斯（Activies）、派德克制药（Paddock Laboratories）、帕尔制药（Par Pharmaceutical）签订了药

[1] Case No. T－460/13，*Ranbaxy Labs. & Ranbaxy*（*UK*）*v. Comm'n*［EB/OL］.［2021－03－06］. https://curia. europa. eu/.

品专利反向支付和解协议，就睾酮替代药“安得乐凝胶”达成专利和解，继续维持了“安得乐凝胶”的市场独占权。氯化钾缓释片的专利权人先灵葆雅公司（以下简称“Schering 公司”）与仿制药企业 Upsher－Smith 公司达成了和解协议。Schering 公司许诺在专利到期前向 Upsher－Smith 公司支付 6000 万美元，Upsher－Smith 公司同意在专利到期前不向市场推出仿制药。❶

毫无疑问，上述协议的存在不利于药品专利链接制度功能的实现，降低药品的可及性，阻碍仿制药产业的发展，损及消费者的合法权益。为此，美国通过司法判例确立了药品专利反向支付和解协议违法性的认定标准，并建立了药品专利反向支付和解协议的规制机制。

1. 美国关于药品专利反向支付和解协议违法性认定标准的演进

美国法院在认定药品专利反向支付和解协议违法与否时，适用的标准存在差异。

（1）本身违法原则

美国谢尔曼法第 1 条规定，“任何限制州际或对外贸易的合同、联合或共谋都是非法的，签订合同或从事联合或共谋的自然人和法人都要受到惩罚。”而在适用谢尔曼法第 1 条分析是否构成贸易限制时，存在的方法之一是明线标准，即本身违法规则（perse rule），它主要关注某种行为是否曾经发生。❷ 可见，本身违法规则主要基于是否发生了谢尔曼法第 1 条规定的行为。反垄断执

---

❶ 曹志明. 美国药品专利链接制度存在的问题［J］. 中国发明与专利，2017（9）：99.

❷ 林文斌. 反向支付和解协议的反垄断审查研究［D］. 上海：华东政法大学，2017：16.

法部门只要有证据证明市场竞争者之间存在这些协议或者协同行为，就可认定市场竞争者的行为违反了反垄断法。在反垄断诉讼中法院也不需要考虑和分析被告提出的抗辩理由。[1]

1995年，仿制药公司安德克斯制药公司（以下简称“Andrx公司”）针对品牌药公司赫美龙药品股份有限公司（以下简称“HMR公司”）的专利药品盐酸地尔硫草（Cardizem CD）提起附有第Ⅳ段声明的ANDA。HMR公司起诉Andrx公司侵犯了地尔硫草的专利权。1997年，在专利诉讼进行期间，美国FDA临时批准了Andrx公司提出的地尔硫草仿制药的上市申请。此后，双方达成和解协议。协议的主要内容是，Andrx公司推迟仿制药上市；自Andrx公司获得美国FDA就地尔硫草仿制药上市的正式批准之日至Andrx公司开始销售地尔硫草仿制药或其被判专利侵权，HMR公司每年向Andrx公司支付4000万美元。该案中，美国哥伦比亚特区巡回上诉法院将反向支付视为不合理限制竞争的证据，认定两家公司的协议本身违反了美国谢尔曼法第1条。[2] 此案上诉至美国联邦第六巡回上诉法院。2003年，美国第六巡回上诉法院作出了判决，认定“HMR公司与Andrx公司之间的协议是一个意图在市场上消除地尔硫草竞争的横向协议，是一个典型的限制竞争的本身违法行为。[3]

目前为止，该案是唯一一个适用本身违法原则认定药品专利反向支付和解协议是否违反反垄断法的案件。

---

[1] 宋建宝. 专利诉讼反向支付和解协议的反垄断审查：美国的规则与实践［J］. 知识产权，2014（2）：95.

[2][3] 林文斌. 反向支付和解协议的反垄断审查研究［D］. 上海：华东政法大学，2017：67.

（2）专利权独占范围检验

众所周知，专利权是合法的垄断。专利权人在法定的范围内享有合法的垄断地位。申言之，专利权人有权在法定范围内实施排除或限制竞争的行为。但是，专利权人的上述行为不能超出专利权的独占范围，药品专利权人亦然。

在司法实践中，美国的法院也适用了专利权独占范围标准认定药品专利反向支付和解协议是否违法。美国联邦第十一巡回上诉法院在 *Valley Drug Co. v. Genera Pharmaceuticals Inc.* 案[1]中率先采用了专利权独占范围检验规则。雅培公司（以下简称“Abbott 公司”）是一家原研药企业，是药品特拉唑嗪（Terazosin）的专利权人，天顶金利来公司（以下简称“Zenith 公司”）和日内瓦制药公司（以下简称“Geneva 公司”）是两家仿制药企业。1990 年，Geneva 公司开始研发药品特拉唑嗪的仿制药（仿制药与原研药的非活性成分不同），并对 Abbott 公司发起专利挑战。在获知 Geneva 公司发起的专利挑战后，Abbott 公司对 Geneva 公司提起了专利侵权之诉。1994 年 6 月，Zenith 公司提出了药品特拉唑嗪的 ANDA，并对 Abbott 公司发起了专利挑战。在获知 Zenith 公司发起的专利挑战后，Abbott 公司对 Zenith 公司提起了专利侵权之诉。1998 年 3 月 31 日和 4 月 1 日，Abbott 公司分别与 Zenith 公司和 Geneva 公司秘密达成了和解协议。[2]两份协议的主要内容有相同之处，即仿制药公司承诺特定期间内不上市销售特拉唑嗪的仿制药；作为回报，Abbott 公司向仿制药企业支付部分费用。原告作为药品特拉唑嗪的区域零售商，认为和解协议非法，属于市场划分行为。美国联邦地区法院支持了原告的诉讼请求，认定和解协议违

---

[1][2] *Valley Drug Co. v. Geneva Pharm, Inc.*, 344 F. 3d 1294 (2003).

反了美国谢尔曼法第 1 条。美国联邦第十一巡回上诉法院驳回了美国联邦地区法院的判决并发回重审，认为后者在对和解协议进行反垄断分析中未考虑专利权因素。因专利权与反向支付产生的独占不同，基于专利权产生的是合法垄断。在专利权独占范围内达成的反向支付和解协议对于贸易的限制是合法的，应豁免于反垄断审查。[1]

在 *Schering – Plough Corp. v. F. T. C.* 案[2]中，美国联邦第十一巡回上诉法院在审查美国联邦贸易委员会关于药品专利反向支付和解协议不合理限制贸易的决定时，对专利测试规则作出了具体解释。即关于专利侵权和解协议是否产生垄断的法律责任，应从以下三个方面进行检视。第一，专利的独占范围；第二，协议超出专利独占范围的程度；第三，产生的限制竞争后果。尽管专利权人禁止他人生产其专利产品不会产生垄断的法律责任，但不能超出专利权的独占范围。美国联邦第十一巡回上诉法院以美国联邦贸易委员会未能举证证明不合理限制竞争的和解协议超出了专利权的独占范围为由，判决撤销了联邦贸易委员会的决定。

（3）快速审查规则

从 20 世纪 70 年代后期开始，美国联邦最高法院逐渐发现本身违法规则与合理规则两分法的局限性，并表示，本身违法规则与合理规则并非相互割裂的两级，二者之间存在过渡地带。[3] 从 1984 年的 *NCAA v. Board of Regents* 案、1986 年的 *F. T. C. v. Indiana Federation of Dentists* 案开始，对一种通常适用于“近乎赤裸裸的”

---

[1] 林文斌. 反向支付和解协议的反垄断审查研究［D］. 上海：华东政法大学，2017：68.

[2] 402 F. 3d 1056（11th Cir. 2005）

[3] 盖尔霍恩，恩科瓦契，奇卡尔金斯. 反垄断法与经济学［M］. 5 版. 任勇，邓志松，尹建平，译. 北京：法律出版社，2009：182.

或“表面上不合理的”限制的“中间性的”审查方式，美国各法院开始表现出更大的重视，这就是快速审查规则。[1]

简言之，当药品专利反向支付和解协议不在本身违法原则的适用范围内，但协议本身具有明显的反竞争效果。此种情形下，只有被告举证证明协议存在合法的抗辩事由，法院才须全面分析被告提供的关于限制协议具有促进竞争的性质和其他合法理由抗辩，并且对限制协议对经济事实上的影响进行调查。[2] 可见，相比于本身违法原则，快速审查原则在特定情形下审查被告提出的抗辩事由，以及协议本身对于经济事实上的影响。但对何种情形下审查，法院的自由裁量权过大。

（4）合理原则

合理原则即通过考察具体案件中协议的性质、目的、效果等相关因素，评估协议对竞争产生的是促进还是抑制作用。[3] 换言之，法院通过综合分析与反向支付和解协议相关的因素，判定协议是否产生排除或者限制竞争的效果，是否违法。显然，相比于本身违法原则、快速审查原则，合理原则更为客观。

在 *F. T. C. v. Actavis* 案中，美国联邦最高法院提出，药品专利反向支付和解协议属于反垄断法的范畴，专利权不能使其豁免于反垄断审查；反向支付可能会使 Hatch – Waxman 法案丧失鼓励仿制药公司挑战专利的功能。因此，法院应对药品专利反向支付和解协议适用合理原则，综合考虑支付金额、专利权的强度，以及

---

[1] 赫伯特·霍温坎普．联邦反托拉斯政策：竞争法律及其实践［M］．3 版．许光耀，江山，王晨，译．北京：法律出版社，2009：289.

[2] 林文斌．反向支付和解协议的反垄断审查研究［D］．上海：华东政法大学，2017：23.

[3] 丁锦希，邵美令，孟立立．美国知识产权反垄断诉讼中专利范围测试规则的适用及启示：基于“Schering V. S. Upsher”案实证分析［J］．知识产权，2013（6）：92.

和解协议对竞争产生的影响等因素判定协议是否违法。[1]

2. 美国对于药品专利反向支付和解协议的规制

美国联邦贸易委员会成立于1914年，旨在增进消费者福利，同时激励创新和竞争。美国联邦贸易委员会通过制止市场中的不公平、欺骗或欺诈行为保护消费者。通过反垄断执法，确保市场的开放和自由。美国联邦贸易委员会将挑战可能损害消费者权益的不当并购和其他商业行为；监督商业行为、审查并购行为，并在必要时发起挑战。[2] 总之，美国联邦贸易委员会主要作为执法机构，通过行政执法或诉讼强化竞争或消费者权益的保护（美国联邦贸易委员会下设的竞争局负责调查、起诉违反美国联邦法规的不公平竞争行为）。另外，美国联邦贸易委员会与美国司法部合作指控违反美国谢尔曼法和克莱顿法的行为。[3]

例如，经过调查，美国联邦贸易委员会通过达成全球性和解协议的方式禁止了作为全球最大的仿制药生产商之一的Teva公司达成药品专利反向支付和解协议；美国联邦贸易委员会结束了与Actavis公司的诉讼，美国联邦最高法院认定Actavis公司的药品专利反向支付和解协议应当受到反垄断审查。[4] 2016年，美国联邦贸易委员会发布的关于品牌药企业与作为竞争者的仿制药企业间的

---

[1] 林文斌. 反向支付和解协议的反垄断审查研究［D］. 上海：华东政法大学，2017：70.

[2] Federal Trade Commission. About the FTC Submenu［EB/OL］.［2022－01－18］https://www.ftc.gov/about－ftc/what－we－do.

[3] Federal Trade Commission. Overview of FTC actions in pharmaceutical products and distribution［EB/OL］.［2022－01－18］https://www.ftc.gov/system/files/attachments/competition－policy－guidance/overview_of_ftc_actions_in_pharmaceutical_products_and_distribution.pdf.

[4] Federal Trade Commission. Annual Highlights 2018［EB/OL］.［2022－01－18］https://www.ftc.gov/reports/annual－highlights－2018/enforcement.

和解协议报告显示，尽管在2016财年，专利和解协议的总数增加，但具有反竞争效果的和解协议（包括药品专利反向支付和解协议）的数量大幅减少。美国联邦贸易委员会的主席乔·西蒙斯（Joe Simons）指出："数据清楚地表明，美国联邦最高法院就*Actavis*案的判决使得阻止仿制药上市和损害消费者权益的反向支付和解协议大幅减少。"[1]

可见，美国联邦最高法院在*Actavis*案中对药品专利反向支付和解协议违法的认定为FTC的执法提供了具体标准，另外，美国联邦贸易委员会和美国司法部的规制对于药品专利反向支付和解协议的减少均起到了积极作用。

（三）对我国的启示

如前所述，药品专利反向支付和解协议有碍于药品专利链接制度目标的实现。我国在构建药品专利链接制度中应当明确药品专利反向支付和解协议违反《反垄断法》与否的认定标准。毋庸置疑，认定标准不应过低，也不应过高。标准过低可能导致将原本合法的和解协议被视为非法，不利于以非诉方式解决专利纠纷；标准过高可能导致将原本非法的和解协议视为合法，不利于规制药品市场的垄断行为。而在阿斯利康有限公司因与被上诉人江苏奥赛康药业有限公司侵害发明专利权纠纷案中，药品专利权人百时美施贵宝公司与作为案外人的专利药品的仿制药企业江苏威凯尔医药科技有限公司签订了药品反向支付和解协议。诚然，上述反向支付和解协议只是冰山一角，因此，我国确立药品专利

---

[1] Federal Trade Commission. FTC Staff Issues FY 2016 Report on Branded Drug Firms' Patent Settlements with Generic Competitors [EB/OL]. (2019 - 03 - 23) [2022 - 02 - 06]. https://www.ftc.gov/news - events/press - releases/2019/05/ftc - staff - issues - fy - 2016 - report - branded - drug - firms - patent.

反向支付和解协议违法与否的认定标准，以及规制机制十分必要。

1. 不应采取本身违法原则

本身违法原则是指反垄断执法部门只要有证据证明市场竞争者之间存在排除或限制竞争的协议或协同行为，就可以认定市场竞争者的行为违反了反垄断法，在反垄断诉讼中，法院也无需考虑被告的抗辩理由。[1] 据此原则，只要药品专利反向支付和解协议存在排除或限制竞争的效果，就属违法。法院不需要考虑被告的抗辩事由或其他因素。

显而易见，本身违法原则的标准过低，也有违程序正义。进言之，尽管该原则给法官审理案件带来了极大的便利，但因标准的不明确，它使“逃避法律规制”和“枉受法律制裁”两种现象都无法避免，使得划分合法与违法的界限模糊不清。[2] 此外，本身违法原则也容易产生较大社会成本，很可能遏制生机勃勃的竞争过程，否定新的商业组织方式和经营策略。[3]

虽然美国在司法实践中最早采用了本身违法原则，但是美国逐步摒弃了本身违法原则。欧盟则根本未采用本身违法原则。基于上述分析，我国对于药品专利反向支付和解协议是否违反《反垄断法》不应采取本身违法原则。

---

❶ 宋建宝．专利诉讼反向支付和解协议的反垄断审查：美国的规则与实践［J］．知识产权，2014（2）：95.

❷ 陈兵．本身违法原则的早期特征对我国反垄断立法的启示［J］．法学杂志，2006（2）：138.

❸ 万政伟．反垄断法本身违法原则与合理分析原则比较研究［J］．商业时代，2012（28）：96.

2. 应区分专利权的保护范围和药品专利反向支付和解协议的违法性

周知，专利权是合法的垄断，专利权的保护范围是法定的。专利权的享有和行使不能超出法定的范围。然而，药品专利反向支付和解协议违法性认定涉及的是《反垄断法》。顾名思义，《专利法》与《反垄断法》分属不同的部门法。当然，各自的立法目的、调整对象和调整方法等均存在差异。申言之，原研药企业享有专利权并不能作为药品专利反向支付和解协议合法化的事由。但需要注意的是，专利权属于私权，且专利权人享有法定的独占权，其本身就具有限制市场竞争的效果。

因此，原研药企业依法行使专利权的行为不受《反垄断法》的调整。可是，如果原研药企业超出专利权的保护范围，滥用专利权，通过达成协议或其他方式排除或限制市场竞争，就将受到《反垄断法》的调整。[1] 显然，超出专利权的保护范围并不是违反《反垄断法》的充分必要条件。在 *F. T. C. v. Actavis Inc* 案中，美国联邦最高法院就否定了美国联邦第十一巡回上诉法院采取的认定标准，即协议只要在专利权的独占范围之内，就被视为合法。原因在于，虽然药品专利反向支付和解协议在专利权的保护范围之内，但是专利可能被无效。欧盟也未采用以是否超出专利权的保护范围作为药品专利反向支付和解协议违法与否的认定标准。

3. 应采用合理原则

合理原则是指某些行为虽然具有限制竞争的后果，但却具有其他有利的方面或者该行为是否具有限制竞争的效果需要考虑其

---

[1] 参见《反垄断法》第55条。

他因素才能进行判断，不能一概认定为非法。[1] 较之于本身违法原则，合理原则在适用时考量的因素更多，更为全面。

在判定药品专利反向支付和解协议是否违反《反垄断法》时，应当综合主、客观因素。主观因素主要是指协议的目的，即是否以排除或者限制竞争为目的。诚然，对于协议目的的判断应当结合多种因素，例如，当事方的市场地位、协议的内容，协议签订的背景等。客观因素指的是协议的效果，即协议是否排除或限制了竞争，以及原研药企业是否向仿制药企业转移了利益（包括转移利益的大小，转移持续的时间等）。

4. 应实施对药品专利反向支付和解协议的合法性审查

为强化对药品专利反向支付和解协议的规制，我国应采取行政规制和司法规制相结合的方式，将规制前移，实现预防为主的目的。对于药品专利权人与仿制药企业达成的和解协议，区分和解协议的达成时间，分别实施行政审查和司法审查。行政审查针对诉前达成的和解协议；司法审查针对诉中达成的和解协议，且对和解协议行政审查的决定进行司法审查。此外，为提高审查效率，行政审查部门和司法审查部门应实现就和解协议审查相关事项的信息共享。

结合我国实际，国家市场监督管理总局和各省、自治区、直辖市的市场监督管理局负责反垄断执法，统筹推进竞争政策实施，指导实施公平竞争审查制度，依法对经营者集中行为进行反垄断审查，负责垄断协议、滥用市场支配地位和滥用行政权力排除、限制竞争等反垄断执法工作。国家知识产权局专利局负责专利申

---

[1] 胡光志，黄秋娜，范卫红．我国《反垄断法》转售价格维持协议规制原则的时代选择：从自身违法到合理原则的转变［J］．上海财经大学学报，2015，17（4）：95.

请的受理、审查和授权等。然而，伴随着国务院机构改革，国家知识产权局成为国家市场监督管理总局的直属机构。基于此，药品专利反向支付和解协议合法性行政审查应当由市场监督管理部门负责；药品专利反向支付和解协议合法性司法审查应当由主审知识产权纠纷的人民法院负责。

毋庸置疑，无论是行政审查，还是司法审查，药品专利反向支付和解协议违法性认定标准的确立至关重要。因此，我国应当明确药品专利反向支付和解协议违法性的认定标准。在认定药品专利反向支付和解协议是否违反《反垄断法》时应当采用合理原则，即规定认定药品专利反向支付和解协议违法的主、客观因素，使其主、客观相统一。

5. 最高人民法院审查药品专利反向支付和解协议的首个案例

2021 年，在阿斯利康有限公司诉江苏奥赛康药业有限公司发明专利权纠纷案中，最高人民法院主动对药品专利反向支付和解协议进行了审查，并指出，“药品专利反向支付和解协议的安排较为特殊，较为隐蔽，可能会产生排除、限制竞争的效果，有可能构成反垄断法规制的垄断协议。在涉及药品专利权利人和仿制药申请人的药品专利侵权案件中，作为当事人主张依据或者作为法院裁判依据的有关协议具有‘药品专利反向支付协议’外观的，人民法院一般应当对其是否违反反垄断法进行一定程度的审查。”[1]由此可知，最高人民法院认为对于外观上近似药品专利反向支付和解协议的协议，各级人民法院在案件审理中负有审查义务。毫无疑问，外观上近似过于原则。

另外，在该案中，最高人民法院提出了药品专利反向支付和

[1] 参见最高人民法院（2021）最高法知民终 388 号民事裁定书。

解协议违法与否的认定标准。具体为：对以不挑战专利权有效性为主要内容的“药品专利反向支付和解协议”是否涉嫌构成垄断协议的判断，核心在于其是否涉嫌排除、限制专利药品相关市场的竞争，一般可以通过比较签订并履行有关协议的实际情形和未签订、未履行有关协议的假定情形，重点考察在仿制药申请人未撤回其无效宣告请求的情况下，药品相关专利权因该无效宣告请求归于无效的可能性，进而以此为基础分析对专利药品相关市场而言有关协议是否以及在多大程度上造成了竞争损害。原则上，专利权人为使仿制药申请人撤回无效宣告请求，无正当理由给予高额利益补偿的，可以作为认定专利权因仿制药申请人提出的无效宣告请求归于无效的可能性较大的一个重要考量因素，同时一般还要对假定仿制药申请人未撤回其无效宣告请求情况下相关审查结果进行预测判断。[1] 从中可知，最高人民法院在该案中采用了合理原则判定药品专利反向支付和解协议是否违法，综合分析了不同的因素。其中的核心因素是协议是否涉嫌排除、限制专利药品相关市场的竞争，重要因素是协议是否以及在多大程度上造成了竞争损害。

有关协议的竞争损害，一般应当主要考察其是否实质延长了专利权人的市场独占时间、是否实质延缓或者排除了实际的和潜在的仿制药申请人的市场进入。即对于竞争损害，要结合客观因素进行判断。当然，药品专利权的效力将直接影响竞争损害的认定。如果专利权因该无效宣告请求归于无效的可能性较小，那么有关协议的签订和履行对于相关市场上专利权人的市场独占和仿制药申请人的市场进入一般不会产生实质影响，进而可以初步认

---

[1] 参见最高人民法院（2021）最高法知民终388号民事裁定书。

定其对于相关市场具有排除、限制竞争效果的可能性较小，一般不会构成反垄断法所规制的垄断协议。反之，则应进一步考察有关协议的竞争损害：如果有关协议的签订和履行实质延长了专利权人的市场独占时间，或者实质延缓、排除了实际的和潜在的仿制药申请人的市场进入，且缺乏正当理由，则一般可以认定该协议具有排除、限制相关市场竞争的可能性较大，其涉嫌构成反垄断法所规制的垄断协议。

总之，该案中，最高人民法院主要从药品反向支付和解协议是否具有损害竞争后果认定协议是否违法。而药品专利反向支付和解协议的形式多样，且在实践中出现了形式上符合法律规定，但实质上损害竞争的药品反向支付和解协议。同时，在无统一的违法认定标准的情形下，个案关于药品反向支付和解协议违法与否的认定将存在差异。为此，我国应通过司法解释明确药品反向支付和解协议违法与否的标准（综合考量主客观因素），并将通过审查机制将规制的环节提前，以免损害公共利益。

第五节　药品专利链接配套制度的完善

药品专利链接制度是体系化的制度，药品专利链接制度的实施及其目标的实现与配套制度的确立、完善和实施密不可分。然而，我国的药品专利期限补偿制度和 Bolar 例外制度尚存不足，应进行相应完善，以促进医药创新、保障药品的可及性，实现利益平衡。

一、完善药品专利期限补偿制度

（一）我国药品专利期限补偿制度存在的问题

如前所述，虽然我国 2020 年修正的《专利法》第 42 条[1]确立了药品专利权期限补偿制度，但是该条款的规定并不具体，缺乏可操作性。实体规定层面存在以下问题：第一，该条款部分术语的内涵和外延不定，例如新药、新药相关发明专利的范围；第二，该条款缺少必要内容，包括专利权期限补偿请求提出的条件、申请材料的类型和内容等。程序规定存在如下问题，药品专利期限补偿请求提出的具体时间、申请流程、延长次数和延长期的计算方式等不明确。

而在《专利法》施行的同一天，国家知识产权局公布了专利权期限及药品专利期限补偿请求书文本。其主要内容包括：专利的基本信息、请求专利期限补偿的法律依据、药品上市的相关信息，以及附件清单（详见表 5－1）。即国家知识产权局统一规定了药品专利期限补偿请求书的形式和内容，申言之，药品专利期限补充请求应当以书面的方式提出。但是，我国药品专利期限补偿制度仍然需要进一步完善。

---

[1] 参见《专利法》第 42 条第 2 款、第 3 款："自发明专利申请日起满四年，且自实质审查请求之日起满三年后授予发明专利权的，国务院专利行政部门应专利权人的请求，就发明专利在授权过程中的不合理延迟给予专利权期限补偿，但由申请人引起的不合理延迟除外。为补偿新药上市审评审批占用的时间，对在中国获得上市许可的新药相关发明专利，国务院专利行政部门应专利权人的请求给予专利权期限补偿。补偿期限不超过五年，新药批准上市后总有效专利权期限不超过十四年。"

表 5－1　专利权期限及药品专利期限补偿请求书❶

<table>
<tr><td colspan="2">请按照“注意事项”正确填写本表各栏</td><td>本框由国家知识产权局填写</td></tr>
<tr><td rowspan="3">①
专
利</td><td>专利号：</td><td>递交日：</td></tr>
<tr><td>发明名称：</td><td>申请号条码：</td></tr>
<tr><td>专利权人：</td><td>挂号条码：</td></tr>
<tr><td colspan="3">②声明内容：
□根据专利法第 42 条第 2 款的规定，请求给予专利权期限补偿。
□根据专利法第 42 条第 3 款的规定，请求给予药品专利期限补偿（请求药品专利期限补偿的，应填写第③及第④栏）</td></tr>
<tr><td colspan="3">③药品获得上市许可日期：
药品上市许可持有人：</td></tr>
<tr><td colspan="3">④附件清单：
□药品上市许可证明文件（证明文件备案号　　　　）
□药品上市许可持有人同意专利权人请求药品专利期限补偿的证明文件（证明文件备案号　　　　）
□国务院药品监督管理部门核准的药品生产工艺资料（证明文件备案号　　　　）</td></tr>
<tr><td colspan="2">⑤专利权人或专利代理机构签字或者盖章

年　　月　　日</td><td>⑥国家知识产权局处理意见

年　　月　　日</td></tr>
</table>

---

❶ 国家知识产权局．专利权期限及药品专利期限补偿请求书［EB/OL］．(2021－06－01)［2022－01－20］．https://www.cnipa.gov.cn/col/col192/index.html?uid=8599&pageNum=2.

（二）我国药品专利期限补偿制度的具体内容

国家知识产权局于2020年11月27日公布的《专利法实施细则修改建议（征求意见稿）》第85条之四到之八对《专利法》的药品专利期限补偿条款进一步细化。

1. 明确了药品专利期限补偿制度适用的对象，以及药品相关专利的含义

根据《专利法实施细则修改建议（征求意见稿）》第85条之四，药品专利期限补偿制度适用于符合条件的在中国获得上市许可的化学药、生物制品和中药新药产品专利、制备方法专利或者医药用途相关专利。此外，该条款界定了新药相关专利和中药新药专利的范围。[1] 相比于美国、欧盟和日本，我国在一定程度上限制了药品专利期限补偿制度的适用范围[2]，并专门将符合条件的中药新药专利纳入了适用范围。毫无疑问，该规定将有助于推动中药产业的发展，有益于健康中国战略的实现。

2. 规定了药品专利期限补偿时间的计算方式

根据《专利法实施细则修改建议（征求意见稿）》第85条之五，药品专利期限补偿时间为：申请注册的新药在中国获得上市许可之日减去专利申请日，再减去5年。当前，药品专利期限补偿时间的计算主要有三种方式，如图5-2所示。显然，《专利法实

---

[1] 参见《专利法实施细则修改建议（征求意见稿）》第85条之四："对在中国获得上市许可的化学药、生物制品和中药新药产品专利、制备方法专利或者医药用途相关专利，符合药品专利期限补偿条件的，可以给予药品专利期限补偿。前款所称新药相关专利，是指国务院药品监督管理部门首次批准上市的新药活性成分相关专利。中药新药专利包括中药创新药相关专利和增加功能主治的中药改良型新药相关专利。"

[2] 美国的药品专利期限补偿制度适用于人用药物产品、特定的医疗设备、食品添加剂和色素添加剂、兽药和兽用生物制品。日本药品专利期限补偿制度适用于经过药品审批部门批准的药品相关专利。

施细则修改建议（征求意见稿）》第 85 条之五规定的计算方式与欧盟采用的计算方式相同。而 2020 年修正的《专利法》第 42 条规定，“国务院专利行政部门应专利权人的请求给予专利权期限补偿。补偿期限不超过五年，新药批准上市后总有效专利权期限不超过十四年。”进言之，新药自专利申请之日到获批上市之日应当至少经过 5 年以上的时间（不包括本数）。

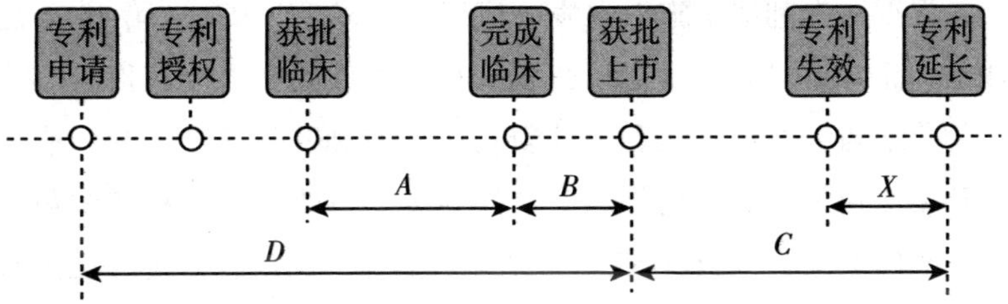

①美国：$X=A/2+B$且$X\leqslant5$且$C\leqslant14$。
②日本：如果$D>A+B$，则$X=A+B$；如果$D<A+B$，则$X=D$；且$X\leqslant5$。
③欧洲：$X=D-5$且$X\leqslant5$且$C\leqslant15$。

图 5－2　美日欧专利期限延长计算方式比较❶

3. 规定了药品专利期限补偿期间专利的保护范围

根据《专利法实施细则修改建议（征求意见稿）》第 85 条之六的规定，在专利期限补偿期间，该药品专利的补偿范围是限定的，必须是国务院药品监督管理部门审核批准上市的新药，且为该新药经批准的适应证。❷ 此外，在专利期限补偿期间，药品专利权的权利内容与专利期限补偿前相同。该内容与欧盟的规定相近。

---

❶ 马秋娟，杨倩，王璟，等．各国药品专利期限补偿制度的比较研究［J］．中国新药杂志，2018，27（24）：2859.

❷ 参见《专利法实施细则修改建议（征求意见稿）》第 85 条之六：“药品专利期限补偿期间，该专利的保护范围限于国务院药品监督管理部门批准上市的新药，且限于该新药经批准的适应症。药品专利期限补偿期间的专利权与药品专利期限补偿前具有相同的权利和义务。”

欧盟补充保护证书条例规定，补充保护证书赋予权利人与原专利权相同的权利，但其权利范围受限于获批上市的药品及该药品在补充保护证书（SPC）保护届满前批准上市的用途。[1]

4. 规定了专利期限补偿请求提出的时间和条件

根据《专利法实施细则修改建议（征求意见稿）》第85条之七的规定，专利权人应自药品上市许可申请获得批准之日起3个月内向国务院专利行政部门提出药品专利期限补偿请求，提供相关证明文件，且必须满足规定的所有条件（申请期限补偿的专利数、药品数、是否获得过期限补偿，以及专利剩余保护期）[2]。依《专利法实施细则修改建议（征求意见稿）》第85条之七第（3）项的规定，获得过药品专利期限补偿的专利不能再次申请药品专利期限补偿。就请求专利期限补偿的条件而言，日本规定的较为宽松。日本并不要求作为专利期限补偿基础的药品所包含的活性成分为首次批准上市。换言之，改良型新药也可以适用药品专利期限补偿制度。另外，日本并未限定同一项专利期限延长的次数。由此可能导致专利权人运用专利常青策略延长专利期限。不同于日本，美国和欧盟仅对创新药的专利期限进行延长，且对同一项专利权

---

[1] 邱福恩．中美经贸协议下的药品专利期限补偿制度研究［J］．科技与法律，2020（4）：17.

[2] 参见《专利法实施细则修改建议（征求意见稿）》第85条之七：“专利权人请求给予药品专利期限补偿的，应当自药品上市许可申请获得批准之日起3个月内向国务院专利行政部门提出药品专利期限补偿请求，并附具有关证明文件，提出请求时药品及其专利应当满足以下条件：

（一）一个药品同时存在多项专利的，专利权人只能请求对其中一项专利给予药品专利期限补偿；

（二）一项专利同时涉及多个药品的，只能对一个药品就该专利提出药品专利期限补偿请求；

（三）该专利尚未获得过药品专利期限补偿；

（四）请求给予药品专利期限补偿的专利剩余保护期限不少于6个月。”

只能延长1次。

5. 规定了专利期限补偿异议机制

根据《专利法实施细则修改建议（征求意见稿)》第85条之八的规定，自国务院专利行政部门公告给予期限补偿之日起，任何单位和个人均能对国务院专利行政部门的期限补偿决定提出异议。异议的理由为：认为给予期限补偿的决定不符合补偿条件。需要注意的是，国务院专利行政部门就期限补偿作出的决定不是终局的。异议请求人或专利权人均有权在法定期限内提起诉讼。[1] 毋庸置疑，该规定有利于充分发挥社会公众的监督作用，避免专利权人非法获得专利期限补偿。但是，该条款并未规定异议人提出异议请求的具体程序、提出请求应当满足的具体条件，缺乏可操作性。

总之，《专利法实施细则修改建议（征求意见稿)》具体规定了药品专利期限补偿制度的内容，限定了药品专利期限补偿的条件等。而条件的设定旨实现利益平衡，保障药品的可及性。试想一下，如果对于药品专利期限补偿不作任何限制，那么专利权人就会任意提请专利期限补偿，以延长其合法的垄断地位，阻止仿制药上市。美国、欧盟和日本均规定了专利期限补偿的条件，尽管条件的内容有不同。

---

[1] 参见《专利法实施细则修改建议（征求意见稿)》第85条之八："国务院专利行政部门对专利授权期限补偿和药品专利期限补偿请求审查后，认为不符合期限补偿条件的，应当予以驳回。经审查没有发现驳回理由的，作出给予期限补偿的决定，予以登记和公告。自国务院专利行政部门公告给予期限补偿之日起，任何单位或者个人认为给予期限补偿的决定不符合补偿条件的，可以请求国务院专利行政部门宣告该期限补偿决定无效。请求人或者专利权人对维持给予期限补偿有效或者宣告给予期限补偿无效的决定不服的，可以自收到通知之日起3个月内向人民法院起诉。人民法院应当通知该无效宣告请求程序的对方当事人作为第三人参加诉讼。"

（三）我国药品专利期限补偿制度的完善

通过前述分析可知，《专利法》和《专利法实施细则修改建议（征求意见稿）》中均就药品专利期限补偿进行了规定，确立了药品专利期限补偿制度。如果制度本身存在不足，也需要进行相应完善。

第一，厘清《专利法》第 42 条第 2 款和第 3 款的关系。

《专利法》第 42 条第 2 款和第 3 款分别规定了发明专利权期限补偿和新药专利期限补偿。从规定的方式上看，两者属于并列关系。而从条款内容来看，第 42 条第 3 款专门适用于新药专利，属于特别规定。周知，药品专利属于发明专利，新药专利可能同时符合第 42 条第 2 款和第 3 款规定的情形，第 42 条第 2 款和第 3 款将同时适用一种新药专利，可适用第 2 款和第 3 款的法律后果存在明显差异。

为此，在《专利法实施细则》中，应当明确两个条款的关系，可规定哪个条款优先适用。显然，对于新药专利，应当优先适用第 42 条第 3 款的规定。

第二，完善药品专利期限补偿异议制度。

事实上，新药专利期限补偿关涉多方利益（包括新药专利权人、新药上市许可持有人、仿制药企业，以及公众等），异议制度赋予社会公众监督权，有助于督促专利权人合法行使权利，督促专利行政部门严谨工作，将补偿期给予真正符合条件的专利。[1] 然而，《专利法实施细则修改建议（征求意见稿）》第 85 条之八的规定尚存部分问题。

---

[1] 张曼，杜维娜．《专利法》修改：药品专利期限补偿条款的解读与分析［J］．时代法学，2021，19（6）：47.

首先，限定提出异议的主体。第 85 条之八规定提出异议的主体是任何单位和个人，当然包括新药专利权人。可结合整个条款来看，异议主体并不包括获得期限补偿的新药专利权人。为此，该条款应当将异议主体限定为，除依法获得药品专利期限补偿的专利权人之外的任何单位或个人。

其次，具体规定提出异议的条件。第 85 条之八规定的提出异议的条件是“认为给予期限补偿的决定不符合补偿条件”。显然，该条件过于主观，难免有个别主体恶意提出异议，滥用异议制度。由此也将造成行政资源的浪费。故应进一步规定提出异议的条件，同时需考虑多数异议主体可能缺乏专业知识或信息不对称，因此，条件不应设定得过高，可规定为：有初步证据证明给予期限补偿的决定不符合补偿条件。

再次，明确规定提出异议的程序。第 85 条之八未具体规定提出异议的程序，例如，没有规定异议提出的截止时间（仅规定了起始时间），异议提出的方式与异议提出应准备的材料等。毫无疑问，如果专利期限补偿期满，就没有必要提出异议。异议提出的截止时间当然应在专利期限补偿期满之前。同时，为督促异议人尽早提出异议，异议提出的期间不宜过长。异议人应当以书面的方式提出异议，填写并提交异议请求书，以及其他材料（包括证据材料和主体资格证明等）。异议请求书和相关材料可以面交、寄交或在线提交。而国务院专利行政部门对于异议请求应以书面审为原则，必要时进行口头审理。

最后，明确专利期限补偿决定无效的法律后果。第 85 条之八未规定专利期限补偿决定无效的法律后果。由此将使得在期限补偿期间，专利权人和第三人之间的法律关系处于不确定的状态。为此，《专利法实施细则》应当规定专利期限补偿决定无效的法律后果，明确该决定是否具有溯及力。

综上所述，《专利法》规定的药品专利期限延长条款缺失了必备内容，《专利法实施细则修改建议（征求意见稿）》则具体规定了专利期限延长制度，确立了药品专利期限延长制度，但尚存不足之处，应进行完善。

二、完善 Bolar 例外制度

（一）我国 Bolar 例外制度存在的问题

Bolar 例外最早出现于美国。通过 Bolar 例外，仿制药企业申请仿制药上市审批的时间得以提前，能够在专利保护期届满后及时上市仿制药，有利于促进药品的可及性，保障公共健康。Bolar 例外属于专利侵权的法定免责事由，实质上是对专利权的限制，有助于私益和公益的平衡。

2008 年，我国第三次修改的《专利法》纳入了 Bolar 例外条款。[1] 2020 年第四次修正的《专利法》第 75 条第 5 款规定了 Bolar 例外[2]，沿用了 2008 年《专利法》的 Bolar 例外条款。但是，Bolar 例外的制度环境发生了改变，例如，我国建立了药品专利链接制度、药品专利期限延长制度等，并且 Bolar 例外本身存在不足之处，因此，Bolar 例外条款理应进行相应调适。如前所述，药品专

---

[1] 参见《专利法》(2008 年修正) 第 69 条第 5 款："有下列情形之一的，不视为侵犯专利权：……（五）为提供行政审批所需要的信息，制造、使用、进口专利药品或者专利医疗器械的，以及专门为其制造、进口专利药品或者专利医疗器械的。"

[2] 参见《专利法》(2020 年修正) 第 75 条第 5 款："有下列情形之一的，不视为侵犯专利权：……（五）为提供行政审批所需要的信息，制造、使用、进口专利药品或者专利医疗器械的，以及专门为其制造、进口专利药品或者专利医疗器械的。"

利链接制度和药品专利期限补偿制度均在一定程度上强化了对药品专利权人的保护，能够促进医药创新，而Bolar例外是对专利权的限制，能够促进仿制药的上市，故三者在一定情形下存在冲突。然而，药品专利链接制度最主要的目标即为增进药品的可及性，据此可知，Bolar例外与药品专利链接制度的目标具有一致性，且Bolar例外能够增进药品的可及性，因此，Bolar例外应当符合并遵循利益平衡原则。

当前，我国的Bolar例外主要存在以下问题：一是，Bolar例外适用的范围较窄，不足以应对司法实践中出现的新情况。例如，在2009年拜尔农科股份有限公司、拜耳作物科学（中国）有限公司诉安徽华星化工股份有限公司专利侵权纠纷再审案中，案件的争议焦点之一就是对相关农药产品进行的田间试验是否构成侵权，最高人民法院运用“实验例外”条款对其进行了解释。[1] 二是Bolar例外适用的时间不定，不能为仿制药企业提供确定的指引。伴随我国药品专利期限补偿制度的确立，Bolar例外适用的时间应当考虑药品专利期限补偿的情形。

（二）域外国家的Bolar例外制度

美国1984年通过Hatch – Waxman法案确立Bolar例外制度后，美国法院在司法实践中不断拓展Bolar例外条款的适用范围，在适用对象方面，不限于药品，还包括食品添加剂、颜料添加剂和医疗器械等；在适用行为方面，包括获得外国政府的进口批准、出

---

[1] 参见最高人民法院（2009）民申字第1532号民事裁定书：“华星公司为了向农药行政主管部门提供获批农药登记证书所必需的农药药效数据和信息，在针对落入本案专利权保护范围的农药产品的田间药效试验过程中制造并使用必要的本案专利农药产品，既没有对专利的正常利用产生不合理的冲突，也没有不合理地损害专利权人的正当利益，应不视为侵犯专利权”。

口到国外进行数据收集等。❶

1993年，加拿大修订了专利法，其第55.2条增加了类似Bolar例外的条款："仅为产出或提出相关法规所要求的资讯，实施发明专利的行为与资讯的产出或提出有合理的关联性时，不构成对专利权的侵害。"❷ 不同于美国，加拿大未将Bolar例外的适用范围限定为医药领域，也明确规定Bolar例外条款的适用范围。

德国的Bolar例外制度最开始是由德国联邦最高法院的两个案例所确立的。2005年，德国修订其专利法，正式引入Bolar例外制度，第11条规定："专利权的效力不应及于为获得在欧盟范围内的药品许可而在实践中所必需的研究和试验。"❸

综上所述，美国、加拿大和德国规定的Bolar例外存在差异，但均确立了Bolar例外的配套制度（例如，美国和加拿大的药品专利链接制度、药品专利期限延长制度、数据保护制度，德国的药品补充保护证书制度和数据保护制度等），此外，美国和加拿大Bolar例外的适用范围较为宽泛。

（三）我国Bolar例外制度的完善

承前所述，我国建立了药品专利链接制度、药品专利期限补偿制度等，Bolar例外的配套制度已具备，但与美国、加拿大等不同的是我国的配套制度是在Bolar例外确立后逐步建立的。另外，我国的Bolar例外尚存不足。因此，Bolar例外需进行适应性调整。

第一，适度拓展Bolar例外的适用范围。

通过前述分析可知，我国Bolar例外的适用范围有限，根据《专利法》第75条第5款的规定，只是专利药品和专利医疗器械

---

❶ 孙康. Bolar例外条款研究［D］. 重庆：西南交通大学，2016：19.

❷ 任洁芳. Bolar例外制度及其运用研究［D］. 湘潭：湘潭大学，2013：11.

❸ 任洁芳. Bolar例外制度及其运用研究［D］. 湘潭：湘潭大学，2013：12.

适用 Bolar 例外，方法专利不属于 Bolar 例外的适用对象。上述案例所涉的农药专利产品也无法适用 Bolar 例外。司法实践已经向法律规范提出挑战。此外，一种药品能够申请并获得专利权的技术有很多，包括药品本身、药品制备方法、活性成分、活性成分的制备方法。[1] 诚然，Bolar 例外的适用对象不宜过宽，否则不利于药品专利权人权益的保障，不利于医药创新。因此，在《专利法实施细则》修正中，应就专利药品作广义解释（包括使用专利方法生产的药品，农药专利产品），以适当扩展 Bolar 例外的适用对象。

第二，明确规定 Bolar 例外的适用时间。

众所周知，当专利权的有效期满后，专利权就不再受法律保护，任何单位和个人均可以实施该专利。此种情形下，Bolar 例外自然没有适用的必要。因此，Bolar 例外的适用理应有时间限制。不仅如此，伴随药品专利期限补偿制度的确立，在药品专利期限补偿期内是否适用 Bolar 例外也需要予以明确。反之，如果不对仿制药品生产者提出上市申请的时间加以明确地限制，出现打着 Bolar 例外条款旗号实施的侵权行为，对药品专利权人的合法权益造成损害，将极大地影响研发专利药品和医疗器械的积极性，对我国医药行业的长久发展极为不利。[2]

因此，在《专利法实施细则》修正中，应具体规定 Bolar 例外的适用时间，同时应当区分是否存在药品专利期限补偿的情形。

总之，药品专利链接制度目标的实现需要配套制度的确立、

---

[1] 刘庆. Bolar 例外规则的源起、移植与创制 [J]. 杭州电子科技大学学报（社会科学版），2021，17（6）：69.

[2] 陈家宏，杨思佳. 我国“Bolar 例外”条款困境与出路分析 [J]. 中国发明与专利，2018，15（10）：67.

实施，而作为配套制度的药品专利期限补偿制度和 Bolar 例外尚需进一步完善。

本章小结

我国初步建立了药品专利链接制度。通过前述分析可知，药品专利链接制度是一个制度体系，其制度目标的实现需要相关规则和配套制度的实施，以形成合力。

但是，通过与域外国家药品专利链接制度的比较分析可知，我国的药品专利链接制度尚存不完善之处。下述规则和制度均需进一步完善：药品专利信息登记规则、仿制药申请及药品专利声明规则、仿制药审批市场等待期制度、首仿药市场独占期制度、药品专利反向支付和解协议的规制机制，以及配套制度（药品专利期限延长制度和 Bolar 例外制度）。

诚然，药品专利链接规则和制度的完善应当立足于我国的实际，充分考虑医药产业发展水平、药品的可及性、医药创新和健康中国战略的实施等，并应同时遵循利益平衡原则，注意平衡药品专利权人的私人权益和公共利益，注意平衡医药创新的激励和药品可及性的保障。

结　语

药品专利链接制度的构建有其必要性和正当性。我国药品专利链接制度的构建是时代之要、发展之需。然而，药品专利链接制度涉及不同的主体、关涉多种利益。为此，药品专利链接制度的构建或者完善应当遵循利益平衡原则，应当兼顾不同主体的权益，即通过制定或完善规则确立利益平衡机制，实现利益的平衡。

而药品专利链接制度是一个制度体系，主要由药品专利信息登记、仿制药专利声明制度、仿制药审批遏制期和药品专利纠纷早期解决机制等构成。我国现已初步建立了药品专利链接制度，但是，通过上述分析可知，我国药品专利链接制度的部分规则缺失或存在不足之处。因此，应在全面比较分析域外药品专利链接制度，并结合我国医药产业发展情况、药品可及性和医药创新水平等的基础上，补充或者修改相关规则，以进一步完善我国的药品专利链接制度，从而有效实施药品专利链接制度，充分发挥药品专利链接制度的功能，全面实现药品专利链接制度的目标。

诚然，相比于法律所调整的社会关系，法律本身具有滞后性。原因在于法律调整的社会关系是不断发展变化的，而法律要保持稳定性，不能频繁修改。药品专利链接制度在实施过程中将不可避免地存在滞后性，为此可通过法律解释的方式，增强药品专利链接制度的适应性和灵活性。另外，在药品专利链接制度实施满一定期间之后，相关部门宜应展开调研，以获取药品专利链接制度实施效果相关的数据或信息，全面评估药品专利链接制度的实施效果（包括积极作用和消极作用），进而检视我国的药品专利链接制度，针对我国药品专利链接制度存在的不足，应当及时进行相应完善。

参考文献

一、中文图书

[1] 时显群．法理学［M］．北京：中国政法大学出版社，2013.

[2] 卓泽渊．法的价值论［M］．北京：法律出版社，1999.

[3] 魏德士．法理学［M］．丁晓春，吴越，译．北京：法律出版社，2005.

[4] 周旺生．法理学［M］．北京：西安交通大学出版社，2006.

[5] 张秀．政治义务、法律正义与公民服从：基于政治伦理的思考［M］．上海：上海人民出版社，2017.

[6] E. 博登海默．法理学法律哲学与法律方法［M］．邓正来，译．北京：中国政法大学出版社，2004.

[7] 吕世伦，公丕祥．现代理论法学原理［M］．哈尔滨：黑龙江美术出版社，2018.

[8] 曼昆. 经济学原理微观经济学分册［M］. 6 版. 梁小民，梁砾，译. 北京：北京大学出版社，2012.

[9] 冯晓青. 知识产权法利益平衡理论［M］. 北京：中国政法大学出版社，2006.

[10] 焦海洋. 学术信息开放存取法律问题研究［M］. 北京：中国法制出版社，2019.

[11] 程永顺，吴莉娟. 探索药品专利链接制度［M］. 北京：知识产权出版社，2018.

[12] 韩立余. 世界贸易组织法［M］. 北京：中国人民大学出版社，2014.

[13] 国际公法学编写组. 国际公法学［M］. 北京：高等教育出版社，2016.

[14] 刘春田. 知识产权法［M］. 5 版. 北京：中国人民大学出版社，2014.

[15] 袁红梅，金泉源. 药品知识产权全攻略［M］. 北京：中国医药科技出版社，2013.

[16] 国家知识产权局专利局专利审查协作江苏中心. 药品专利链接与专利延长［M］. 北京：知识产权出版社，2021.

[17] 盖尔霍恩，恩科瓦契，奇卡尔金斯. 反垄断法与经济学［M］. 5 版. 任勇，邓志松，尹建平，译. 北京：法律出版社，2009.

[18] 赫伯特·霍温坎普. 联邦反托拉斯政策：竞争法律及其实践［M］. 3 版. 许光耀，江山，王晨，译. 北京：法律出版社，2009.

[19] 杨悦. 药品上市许可持有人制度导读［M］. 北京：中国医药科技出版社，2018.

[20] 邵津. 国际法 [M]. 北京：北京大学出版社，高等教育出版社，2001.

二、中文期刊、学术论文

[1] 丁锦希，韩蓓蓓. 中美药品专利链接制度比较研究 [J]. 中国医药工业杂志，2008，39 (12)：950 – 955.
[2] 程永顺，吴莉娟. 创新与仿制的平衡与发展：评 Hatch – Waxman 法案对美国医药产业的贡献 [J]. 科技与法律，2018 (1)：9.
[3] 向玉乔. 社会制度实现分配正义的基本原则及价值维度 [J]. 中国社会科学，2013 (3)：106 – 124，205 – 206.
[4] 孙飞，靳毓. 可竞争市场理论下药品价格的形成机制研究 [J]. 甘肃社会科学，2005 (4)：244 – 247.
[5] 苏冬冬. 药品专利链接制度的正当性及制度价值分析 [J]. 电子知识产权，2019 (3)：4 – 12.
[6] 程承坪. 理解科斯定理 [J]. 学术月刊，2009，41 (4)：55 – 61.
[7] 约瑟夫·费尔德. 科斯定理 1 – 2 – 3 [J]. 李政军，译. 经济社会体制比较，2002 (5)：72 – 79.
[8] 窦夏睿，吴让丰. 论我国药品保护的双轨制和链接制度的改革 [J]. 中国新药杂志，2018，27 (9)：978 – 983.
[9] 麻宝斌. 公共利益与公共悖论 [J]. 江苏社会科学，2002 (1)：91 – 96.
[10] 周沛. 社会福利理论：福利制度、福利体制及福利体系辨析 [J]. 国家行政学院学报，2014 (4)：80 – 85.
[11] 胡象明. 广义的社会福利理论及其对公共政策的意义 [J].

武汉大学学报（社会科学版），2002（4）：426－431.
[12] 姚颉靖，彭辉．药品专利保护对中国医药行业科技发展实力影响的实证分析［J］．电子知识产权，2010（7）：62－69.
[13] 刘磊．价格视角下的药品专利保护［J］．知识产权，2012（8）：68－72.
[14] 孙国华．论法与利益之关系［J］．中国法学，1994（4）：37－44.
[15] 俞风雷．知识产权保护中的利益平衡理论及其制度构建：以我国药品专利链接制度为例［J］．求索，2019（6）：82－87.
[16] 梁志文．论以信息公示为中心的药品专利链接制度［J］．中国专利与商标，2018（1）.
[17] 梁志文．药品数据保护的比较分析与立法选择［J］．政法论丛，2018（1）：16.
[18] 楼杜鹃．药品专利 Bolar 例外条款的发展和应用［J］．中国发明与专利，2011（7）80－82.
[19] 杨莉，李野，杨立夫．药品专利保护的 Bolar 例外研究［J］．中国新药杂志，2007（15）：1145－1148.
[20] 陈家宏，杨思佳．我国“Bolar 例外”条款困境与出路分析［J］．中国发明与专利，2018，15（10）：62－69.
[21] 胡潇潇．药品专利“Bolar 例外”制度的利益平衡：兼评“Bolar 例外”在美国的创立、发展及其启示［J］．求索，2010（1）：150－151，229.
[22] 宁立志．我国“Bolar 例外规则”的学理解构与制度重建［J］．政法论丛，2019（2）：46－56.
[23] 蒋洪义．“Bolar 例外”原则的创立、发展及其在中国的应用［J］．中国科技法学年刊，2007（1）：127.

[24] 吴玉和，熊延峰. 中美两国有关 Bolar 例外的理论与实践 [J]. 中国专利与商标，2008 (3)：3 – 12.

[25] 丁文杰. 药品专利“Bolar 例外”条款的法律规则：三共株式会社等诉北京万生药业有限责任公司侵犯专利权纠纷案 [J]. 中国发明与专利，2019，16 (5)：120 – 122.

[26] 何华. 我国药品专利期限补偿制度的构建：以“健康中国”战略实施为背景的分析 [J]. 法商研究，2019，36 (6)：177 – 188.

[27] 何华. 药品专利权期限补偿制度探究：以药品消费特性为视角 [J]. 法学评论，2019，37 (4)：184 – 196.

[28] 刘云涛. 中国药物创新制度建设迈出坚实一步首部《中国药品上市目录集》发布 [J]. 中国食品药品监管，2018 (1)：5 – 7.

[29] 刘立春，朱雪忠. 美国和加拿大药品专利链接体系要素的选择及其对中国的启示 [J]. 中国科技论坛，2014 (1)：147 – 154.

[30] 丁锦希，张晓明，高雪，等.《中国上市药品目录集》建设框架下标准制剂研究与建议 [J]. 广东药科大学学报，2018，34 (4)：489 – 494.

[31] 张红. 论国家政策作为民法法源 [J]. 中国社会科学，2015 (12)：133 – 155，207.

[32] 鲁鹏宇. 法政策学初探：以行政法为参照系 [J]. 法商研究，2012，29 (4)：111 – 118.

[33] 范文舟. 走向政策与法的关系研究之形而下：论政策与法和谐相处的机制建设 [J]. 西安电子科技大学学报（社会科学版），2009，19 (6)：106 – 113.

[34] 刘淑华. 中国特色知识产权强国理论研究 [J]. 首都师范大学学报（社会科学版），2018 (2)：83 - 89.

[35] 申长雨. 全面开启知识产权强国建设新征程 [J]. 知识产权，2017 (10)：3 - 21.

[36] 汪信砚，周可. 关于新时代我国社会主要矛盾转化的论断及其重要意义探析 [J]. 江汉论坛，2018 (12)：5 - 10.

[37] 白国儒. 生产力、生产关系矛盾运动规律新探 [J]. 经济问题，2015 (6)：15 - 18，28.

[38] 元美艳，金伟. 新时代我国社会主要矛盾的破局之断 [J]. 重庆社会科学，2018 (9)：46 - 54.

[39] 吕普生. 论新时代中国社会主要矛盾历史性转化的理论与实践依据 [J]. 新疆师范大学学报（哲学社会科学版），2018，29 (4)：18 - 31.

[40] 唐皇凤. 社会主要矛盾转化与新时代我国国家治理现代化的战略选择 [J]. 新疆师范大学学报（哲学社会科学版），2018，39 (4)：2，7 - 17.

[41] 张松林，常峰. 我国医院进口（合资）药品依赖情况研究：基于2013～2019上半年全国药品采购面板数据 [J]. 中国医院药学杂志，2020，40 (17)：1793 - 1798.

[42] 郭雳. 美国“301条款”与WTO争端解决机制的互动及其前景预测 [J]. 中国法学，2001 (5)：145 - 151.

[43] 张明，徐立青. 中、美知识产权争端的原因分析 [J]. 特区经济，2010 (5)：95 - 96.

[44] 沈鑫. 从权力导向到规则导向：中美知识产权争端解决机制的演进 [J]. 暨南学报（哲学社会科学版），2011，33 (4)：69 - 77，162.

[45] 高莉. 基于激励创新的专利权优化及其路径选择 [J]. 南京社会科学，2015 (12)：145 – 151.
[46] 王玫黎. 谭畅. 挑战与回应：我国药品专利制度的未来：以药品专利与健康权的关系为视角 [J]. 知识产权，2017 (2)：41 – 47.
[47] 曹胜辉. 徐杰. 条约监督机制与条约义务的履行 [J]. 外交学院学报，2000 (2)：55 – 59，96.
[48] 焦海洋. TPP 药品专利保护与药品可获得性问题研究 [J]. 武大国际法评论，2016，19 (2)：173 – 197.
[49] 张平华. 权利位阶论：关于权利冲突化解决机制的初步探讨 [J]. 法律科学，2007 (6)：32 – 45.
[50] 余翔，李娜. 论中国药品数据保护的行政管制与知识产权功能平衡 [J]. 汕头大学学报 (社会科学版)，2017，33 (4)：5 – 13，95.
[51] 刘晶晶，武志昂. 从政府规制理论看“Bolar 例外” [J]. 中国药师，2016，19 (7)：1382 – 1384.
[52] 曹志明. 美国药品专利链接制度存在的问题 [J]. 中国发明与专利，2017，14 (9)：97 – 100.
[53] 王岱申. 中国药品专利链接制度研究 [D]. 上海：华东政法大学，2019.
[54] 魏想，胡晓红. 药品专利“常青化”应对模式的中国选择 [J]. 西北师大学报 (社会科学版)，2020，57 (2)：113 – 121.
[55] 李晓秋. “常青”药品专利的司法控制：加拿大“礼来”案评析及其镜鉴 [J]. 知识产权，2015 (10)：130 – 135.
[56] 刘立春. 从 FTC v. Actavis 案看美国“反向支付和解协议的反垄断法律适用”的争议 [J]. 电子知识产权，2019 (9)：

64 – 73.
[57] 邱福恩. 药品专利“反向支付和解协议”反垄断规制的国际比较研究 [J]. 竞争政策研究, 2019 (6): 75 – 84.
[58] 冯洁菡. TRIPS 协议下对药品试验数据的保护及限制: 以国际法和比较法为视角 [J]. 武大国际法评论, 2010, (1): 20.
[59] 郑超越. 论我国药品试验数据的法律保护 [D]. 重庆: 西南政法大学, 2019.
[60] 刘立春, 漆苏. 药品专利权期限补偿研究: 兼议《中华人民共和国专利法修正案 (草案)》第 42 条第 2 款 [J]. 科技管理研究, 2019, 39 (23): 169 – 175.
[61] 郑淑凤. 专利链接中拟制侵权的理论基础与实施问题 [J]. 电子知识产权, 2019 (12): 83 – 94.
[62] 李蓓. 中美药品专利链接制度研究 [J]. 科技与法律, 2018 (1): 10 – 18.
[63] 杜澄杰. 论药品专利链接制度在我国的推行与完善: 基于美国实践的视角 [J]. 西南知识产权评论, 2020 (2): 101 – 123.
[64] 魏想, 胡晓红. 药品专利“常青化”应对模式的中国选择 [J]. 西北师大学报 (社会科学版), 2020, 57 (2): 113 – 121.
[65] 袁锋. 我国移植和构建药品专利链接制度的正当性研究: 对现行主流观点之质疑 [J]. 科技与法律, 2019 (6): 1 – 12.
[66] 邱福恩. 韩国药品专利链接制度介绍及对我国制度的启示 [J]. 电子知识产权, 2019 (3): 22 – 28.
[67] 俞风雷. 知识产权保护中的利益平衡理论及其制度构建: 以我国药品专利链接制度为例 [J]. 求索, 2019 (6): 82 – 87.
[68] 张天翔, 黄宇玮, 刘宝. 美国药品可负担性的影响因素考察 [J]. 中国药物经济学, 2018, 13 (5): 17 – 22.

[69] 林俏. 日本医疗保险法律制度改革及其借鉴意义 [J]. 医学与法学，2021，13 (1)：26-32.

[70] 马洪范，辜登峰. 澳大利亚医疗保障的做法、经验与启示 [J]. 公共财政研究，2017 (2)：21-28，47.

[71] 高荣伟. 澳大利亚的医疗保险制度 [J]. 检察风云，2018 (15)：54-55.

[72] 郭莺，茅雯辉，何浩，等. 韩国医疗保险监管组织体系和管理能力及其启示 [J]. 中国卫生政策研究，2020，13 (3)：1-5.

[73] 杨艺，李秀华. 韩国医疗保险制度对我国的启示 [J]. 医学与哲学，2016，37 (1)：67-69.

[74] 孙国华. 论法与利益之关系 [J]. 中国法学，1994 (4)：37-44.

[75] 冯晓青. 知识产权法的价值构造：知识产权法利益平衡机制研究 [J]. 中国法学，2007 (1)：67-77.

[76] 俞风雷. 知识产权保护中的利益平衡理论及其制度构建：以我国药品专利链接制度为例 [J]. 求索，2019 (6)：82-87.

[77] 任寰. 论知识产权法的利益平衡原则 [J]. 知识产权，2005 (3)：13-18.

[78] 王晓辉，张铭，曹瑾，等. 北京、成都、兰州居民家庭药品可及性入户调查 [J]. 中国现代应用药学，2020，37 (13)：1650-1651.

[79] 刘莹，梁毅. 论药品可及性与药品专利保护 [J]. 中国药房，2007 (13)：966-968.

[80] 苏冬冬. 药品专利链接制度研究 [D]. 武汉：中南财经政法大学，2020.

[81] 刘立春. 从 FTC v. Actavis 案看美国“反向支付和解协议的反垄断法律适用”的争议 [J]. 电子知识产权, 2019 (9): 64 - 73.

[82] 宋建宝. 专利诉讼反向支付和解协议的反垄断审查: 美国的规则与实践 [J]. 知识产权, 2014 (2): 91 - 97.

[83] 曹志明. 美国药品专利链接制度存在的问题 [J]. 中国发明与专利, 2017, 14 (9): 97 - 100.

[84] 林文斌. 反向支付和解协议的反垄断审查研究 [D]. 上海: 华东政法大学, 2017.

[85] 丁锦希, 邵美令, 孟立立. 美国知识产权反垄断诉讼中专利范围测试规则的适用及启示: 基于“Schering V. S. Upsher”案实证分析 [J]. 知识产权, 2013 (6): 91 - 95.

[86] 陈兵. 本身违法原则的早期特征对我国反垄断立法的启示 [J]. 法学杂志, 2016 (12): 137 - 139.

[87] 万政伟. 反垄断法本身违法原则与合理分析原则比较研究 [J]. 商业时代, 2012 (28): 95 - 97.

[88] 胡光志, 黄秋娜, 范卫红. 我国反垄断法转售价格维持协议规制原则的时代选择: 从自身违法到合理原则的转变 [J]. 上海财经大学学报, 2015, 17 (4): 93 - 100.

[89] 邱福恩. 中美经贸协议下的药品专利期限补偿制度研究 [J]. 科技与法律, 2020 (4): 11 - 21.

[90] 张曼, 杜维娜. 专利法修改: 药品专利期限补偿条款的解读与分析 [J]. 时代法学, 2021, 19 (6): 42 - 49.

[91] 孙康. Bolar 例外条款研究 [D]. 成都: 西南交通大学, 2016.

[92] 任洁芳. Bolar 例外制度及其运用研究 [D]. 湘潭: 湘潭大学, 2013.

[93] 刘庆. Bolar 例外规则的源起、移植与创制 [J]. 杭州电子科技大学学报（社会科学版），2021，17（6）：65-71.
[94] 陈家宏，杨思佳. 我国"Bolar 例外"条款困境与出路分析 [J]. 中国发明与专利，2018，15（10）：62-69.

三、中文电子文献

[1] 王则周，王函，唐嘉伟. 对《药品专利纠纷早期解决机制实施办法（试行）》的几点提议 [EB/OL]. （2020-10-13）[2021-02-16]. https://xw.qq.com/cmsid/20201013A01GMV00?ADTAG=baidutw.
[2] 许波. 从 24 个月的批准等待期看我国药品专利纠纷案件审理 [EB/OL]. （2018-12-17）[2021-03-29]. http://oppo.yidianzixun.com/article/0Kr8zpFv?_pf_=detail&appid=oppobrowser&s=oppobrowser.
[3] 深弘知识产权. 新《专利法》药品专利权期限补偿制度解读 [EB/OL]. （2020-10-23）[2021-03-30]. https://www.sohu.com/a/426809308_120152038.
[4] 冯霄婵. 加拿大首次引入药品专利延长制度!：补充保护证书 [EB/OL]. （2018-01-08）[2020-10-16]. https://www.sohu.com/a/215278119_803087.
[5] 何小萍. 日本的医药知识产权保护及"类专利链接制度" [EB/OL]. （2020-10-11）[2021-01-26]. http://www.lima35.com/news/show-34712.html.
[6] 医药魔方. 最新！全球药企排名 TOP 10 [EB/OL]. （2021-03-04）[2021-01-27]. https://baijiahao.baidu.com/s?Id=1693314891551927910&wfr=spider&for=pc.

[7] 韩国医药产业发展状况的调研［EB/OL］.（2019－06－17）［2021－07－21］. http://www.fredamd.com/hydt/9434.html.

[8] 韩国生物制药行业快速崛起一览异域制药工业［EB/OL］.（2019－08－02）［2021－07－21］. http://damor.cn/article/5496.

[9] 许帅，胡雨佳，李依芮. 澳大利亚生物医药产业白皮书2019［EB/OL］.［2021－01－23］. https://max.book118.com/html/2021/0323/8057005031003064.shtm.

[10] 指南针. 韩国的知识产权保护力度是怎样的？［EB/OL］.（2015－01－06）［2021－01－23］. https://www.worldip.cn/index.php?m=content&c=index&a=show&catid=54&id=81.

[11] 产业信息网. 2018年全球医疗保险发展现状、特点及中国医疗保险发展现状、发展趋势分析［EB/OL］.（2019－11－11）［2021－08－20］. https://www.chyxx.com/industry/201911/803692.html.

[12] 驻加拿大经商参处. 加拿大医药卫生体制及药品流通情况［EB/OL］.（2016－02－25）［2021－08－20］. http://ca.mofcom.gov.cn/article/ztdy/201602/20160201262184.shtml.

[13] 前瞻经济学问答. 2020年中国仿制药市场发展现状与趋势分析集采方案下行业将洗牌［EB/OL］.（2020－03－02）［2021－10－02］. https://3g.163.com/dy/article_cambrian/F6NTI2GV0519811T.html.

[14] 新浪财经：诺华制药张颖. 创新和可及性须相辅相成［EB/OL］.（2020－07－24）［2021－10－20］. https://baijiahao.baidu.com/s?id=1673096183304430489&wfr=spider&for=pc.

[15] 梁雯卓. 解读药品上市许可证持有人制度：药品批文不再是药企专利［EB/OL］.（2016－06－20）［2021－11－10］. https://www.cn－healthcare.com/article/20160620/content－483659.html.

[16] 杜长辉，芮松艳，史兆欢，等. 司法调研：中国药品专利链接制度研究［EB/OL］.（2020－09－22）［2021－12－20］. http://bjzcfy.chinacourt.gov.cn/article/detail/2020/09/id/5467546.shtml.

[17] 国家知识产权局.《药品专利纠纷早期解决机制行政裁决办法》解读［EB/OL］.（2021－09－18）［2022－07－05］. https://www.cnipa.gov.cn/art/2021/9/18/art_2432_170417.html.

[18] 国家药品监督管理局.《药品专利纠纷早期解决机制实施办法（试行）》政策解读［EB/OL］.（2021－07－04）［2022－01－20］. https://www.nmpa.gov.cn/directory/web/nmpa/xxgk/zhcjd/zhcjdyp/2021070 3225214150.html.

[19] 中国知识产权报社，国家知识产权战略网.《首批药品专利纠纷早期解决机制行政裁决案件审结》.［EB/OL］.（2022－05－06）［2022－09－20］. http://www.nipso.cn/onews.asp?id＝53524.

四、外文文献

[1] JEONG S J. Patent－drug approval linkage in Korea under Korea－U.S. FTA－based on comparative study on U.S. Hatch－Waxman Act and Canadian patented medicines (notice of compliance) Regulations[D]. UIPLC Master Thesis Series, 2013.

[2] Association for Accessible Medicines, 2019 Generic Drug Access and Savings in the U. S. Report [EB/OL]. (2019 - 09 - 18) [2020 - 07 - 28]. https://accessiblemeds. org/sites/default/files/2019 - 09/AAM - 2019 - Generic - Biosimilars - Access - and - Savings - US - Report - WEB. pdf.

[3] European Commission. Pharmaceutical Sector Inquiry Final Report [EB/OL]. (2009 - 07 - 08) [2020 - 08 - 04]. https://ec. europa. eu/competition/sectors/pharmaceuticals/inquiry/staff _ working_paper_part1. pdf.

[4] CHRISTEL. Pharm Exec's Top 50 Companies 2019 [EB/OL]. (2019 - 07 - 12) [2021 - 01 - 27]. https://www. pharmexec. com/view/pharm - execs - top - 50 - companies - 2019.

[5] ABBOTT F M, COTTIER T, GURRY F. International intellectual property in an integrated world economy (second edition) [M]. New York: Wolters Kluwer Law&Business, 2011.

[6] 35 USC §271.

[7] 21 USC §355.

[8] WEISWASSER E S, DANZIS S D, The Hatch - Waxman Act: history, structure, and legacy [J]. Antitrust Law Journal, 2003 (71): 594.

[9] Approved Drug Products With Therapeutic Equivalence Evaluations 41st Edition [EB/OL]. [2020 - 07 - 28]. https://www. fda. gov/media/71474/download.

[10] BOUCHARD R A, HAWKINS R W, CLARK R, et al. Empirical analysis of drug approval - drug patenting linkage for high value pharmaceuticals [J]. Northwestern Journal of Technology and

Intellectual Property,2010(8):176 - 177.

[11] Patented Medicines (Notice of Compliance) Regulations SOR/1993 - 133, § 3,4(Can).

[12] SHIN H E. Comparative Study on Patent - Approval Linkage System[R]. [2019 - 03]. Foundation for Intellectual Property Institute of IntellectualPropertyhttp://www. iip. or. jp.

[13] SON K - B, LOPERT R, GLESON D, et al. Moderating the impact of patent linkage on access to medicines: lessons from Variations in South Korea, Australia, Canada, and the United States[J]. Globalization and Health,2018(14):106.

[14] TGA § 26.

[15] Enforcement Regulations of Korea Pharmaceutical Affairs Act, Decree No. 162(October 18,2012).

[16] European Commission. 2nd Report on the Monitoring of Patent Settlements (period: January - December 2010) [EB/OL]. (2011 - 07 - 06) [2021 - 01 - 20]. https://ec. europa. eu/competition/sectors/pharmaceuticals/inquiry/patent_settlements_report1. pdf.

[17] European Commission. 4th Report on the Monitoring of Patent Settlements (period: January - December 2012) [EB/OL]. (2013 - 12 - 09) [2021 - 01 - 18]. https://ec. europa. eu/competition/sectors/pharmaceuticals/archive/patent_Settlements_report4_en. pdf.

[18] CLANCY M J, GERADIN D, LAZEROW A. Reverse - payment patent settlements in the pharmaceutical industry: An analysis of U. S. antitrust law and EU competition law[J]. The

Antitrust Bulletin,2014,59(1):169.

[19] COMP/AT39685, Commission decision of 10 December 2013 (Fentanyl).

[20] Case COMP/AT. 39612 – Perindopril (servier) Commission decision of 9 July 2014[EB/OL]. [2021 – 02 – 20]. https://ec. europa. eu/competition/antitrust/cases/dec _ docs/3921/39612_10972_5. pdf.

[21] Case No. T – 460/13, Ranbaxy Labs. & Ranbaxy (UK) v. Comm'n[EB/OL]. [2021 – 03 – 06]. http://curia. europa. eu/.

[22] JOSHUA P D. Applying Litigation Economics to patent settlements: why reverse payments should be per se illegal[J]. Rutgers Law Journal,2009(41):273.

[23] *Atlantic Container Line and Others v Commission*,T191/98 and T212/98 to T214/98,ECR,EU:T,245,1407:2003.

[24] 332 F. 3d 896(6th Cir. 2003).

[25] 344 F. 3d 1294(11th Cir. 2003).

[26] 677 F. 3d 1298(11th Cir. 2012).

[27] CARRIER M A. Why the"scope of the patent"test cannot solve the drug patent settlement problem[J]. Stanford Technology Law Review,2012(16):7.

[28] 133 S. Ct. 2223(2013).

[29] Actavis,133 S. Ct.

[30] 332 F. 3d 896,907 –09(6th Cir. 2003).

[31] CRANE D A. Actavis, the reverse payment fallacy, and the continuing need for regulatory solutions[J]. Minnesota Journal

of Law, Science & Technology, 2014(15):51.

[32] *Windsurfing International v Commission*, 193/83, ECR, EU: C: 1986:75.

[33] *Valley Drug Co. v. Geneva Pharm, Inc.*, 344 F. 3d 1294(2003).

[34] 402 F. 3d 1056(11th Cir. 2005).

[35] Federal Trade Commission. Over view of FTC actions in pharmaceutical products and distribution[EB/OL]. [2022-01-18]. https://www.ftc.gov/system/files/attachments/competition-policy-guidance/overview_of_ftc_actions_in_pharmaceutical_products_and_distribution.pdf.

[36] Federal Trade Commission. Annual Highlights 2018[EB/OL]. [2022-01-18]. https://www.ftc.gov/reports/annual-highlights-2018/enforcement.

[37] Federal Trade Commission. FTC Staff Issues FY 2016 Report on Branded Drug Firms' Patent Settlements with Generic Competitors[EB/OL]. (2019-03-23)[2022-02-06]. https://www.ftc.gov/news-events/press-releases/2019/05/ftc-staff-issues-fy-2016-report-branded-drug-firms-patent.